ラディカルに自己刷新するマルクス

岩崎信彦

かもがわ出版

はじめに

「死せる孔明、生ける仲達を走らす」という三国志の故事があるが、死せるマルクスは果たしてラディカルに自己刷新することができるであろうか。

マルクスが心血を注いだ『資本論』は、これまで半分くらいしか理解されていないのではないだろうか。マルクスは、彼が生きた時代に確立しつつあった産業資本の運動法則を解明するために、資本とはそもそも何なのかという原理的な考察を広く深く行った。しかし、産業資本に焦点を当てて組み上げられた『資本論』が、その深く考察された原理的な内容を十分に生かしきれているのか、あるいはそれとのあいだに論理の齟齬《そご》を生じさせていないか、ということは余り議論されてこなかった。

そういうことを考えながら、現代という時代のなかでもう一度『資本論』を読み直すとき、次の一節は非常に衝撃的な内容をもって迫ってくる。

「国債という資本ではマイナスが資本として現われる――ちょうど利子生み資本一般がすべての狂った形態の母であってたとえば債務が銀行業者の観念では商品として現われることができるように――のである…」（Ⅲ４８３、五九六）

マルクスは、このわずか3行のなかで資本の本質を「銀行において債務が商品となる」、「国債ではマイナスが資本として現われる」、「利子生み資本が狂った形態の母である」といっている。労働力という商品によって貨幣は資本に転化する、ここがロドス島だ！と叫んだマルクスとは全く異なるマルクスがそこにいるのだ。

現代の投機資本主義と国債の破たんをすでにあの時代に見通していることに改めて驚かされる。そこには金融資本と国家の二人三脚のダイナミズムが生き生きと描かれており、その「母」なる根源は利子生み資本であると明言しているのである。まさに現代を解き明かすマルクスの論理が自己刷新されてそこにある。

「資本の狂った形態の母」は「資本の一般的定式G（貨幣）－W（商品）－G'（貨幣）」そのものであるといってもよい。『資本論』のためのノートである『批判要綱』では「そも資本なるもの das Capital」として含蓄のある思索が行われている。しかしながら、産業資本に照準する『資本論』では、論述の勇み足なのか「資本の一般的定式の矛盾」というように書いてしまい、読者に大きな混乱と誤解を与えているのである。

そのほか、『資本論』では、「交換価値の絶対的定在」である貨幣をめぐって、また「機械は剰余価値生産の手段である」をめぐってなど論理的な齟齬がいくつか見られる。本書では、その齟齬が一つの明確な論理矛盾をなしていることを明らかにし、その真実なる論理を探求していく。その過程で「否定の否定」の弁証法が働き、マルクスの真実の論理があざやかに浮かび上がってくるのである。ラディカル（根底的）に自己刷新するマルクス、はおよそ以上のような道筋でとらえられていくのである。

そして、自己刷新するマルクスが示すポスト資本制の未来展望も、今までとはいささか趣が異なるものになるであろう。そして、その未来へむけての実践と運動はここかしこにすでに芽を吹き花を開かせつつあることを知るのである。

マルクスからの引用文献は以下の通りである。

1 『資本論』

原典 Karl Marx, *Das Kapital*, Erster Band, Zweiter Band, Dritter Band, Dietz Verlag, Berlin 1969.

訳書 大内兵衛他監訳、資本論第Ⅰ巻、第Ⅱ巻、第Ⅲ巻、マルクス＝エンゲルス全集第23～25巻、大月書店、1965～66年。

表記（Ⅰ35、四〇）は、第Ⅰ巻、原典35ページ、訳書四〇頁、を示す。

2 『経済学批判要綱』

原典 Karl Marx, *Ökonomische Manusucripte* 1857/58, Karl Marx,/Friedrich Engels *Gesammtausgabe*, Ⅱ 1.1, 1.2, Dietz

Verlag, Berlin 1976, 1981.
訳書　資本論草稿集翻訳委員会訳、マルクス資本論草稿集、一八五七―五八年の経済学草稿、第一分冊、第二分冊、大月書店、一九八一年、一九九三年。
表記（要綱① ２３０、三七八―九）は、要綱第①巻、原典２３０ページ、訳書三七八―九頁、を示す。
３『経済学哲学手稿』などその他のマルクス文献
原典　*Marx Engels Werke*, Dietz Verlag, Berlin.
訳書　大内兵衛・細川嘉六監訳、マルクス＝エンゲルス全集、大月書店。
表記（ＭＥＷ13、９、六）は、全集第13巻、原典９ページ、訳書六頁、を示す。

なお、本書のベースとなっている筆者の研究成果は、次の二つである。合わせて参照されたい。

岩崎信彦『21世紀の「資本論」　甦るマルクス』御茶の水書房、２０１５年。

岩崎信彦「機械による特別剰余価値と相対的剰余価値の生産」基礎経済科学研究所『経済科学通信』No.１４４、２０１７年12月）

もくじ●ラディカルに自己刷新するマルクス

I

労働者は「労働力商品」ではなく、人間＝市民である

1　新卒労働者はなぜこんなに多く辞めていくのか

今、青森県にある三内丸山遺跡が世界的に注目を集めている。縄文時代後期に大集落生活を送っていた三内丸山の人びとは、栗林をはじめ山の幸を採集、栽培しながら他地域とも交易し、１５００年余もの間、自然とともにおだやかに生きたのである。そこには村を支配する者も搾取もなく、大家族による協力と分かち合いの生活があったであろう。

これに比べると、今日の分かち合いは社会的分業という形をとり、会社や工場で社会に必要な商品を生産するために協力しあっている。できあがった商品は市場で交換されて生活必要品として入手できるという、非常に自由で文明的な時代になっている。しかし、そこに過労死や失業という問題が生じるのはなぜであろうか。

じっさい、大学卒業前の若者たちは将来の希望に燃えながら「就活」にとりくむ。意中の企業に就職できれば天にも昇るようにうれしいのである。しかし、かれらを待っている企業の現実はきびしい。就職後、３年の間に離職する者の比率は3割を越えて高い（図1）。

もう以前の話になるが、筆者のゼミ卒業生に何年か後に会ったとき、かれはつくづくといっていた。「大学時代は、先生方は私たちを一人の人格として扱ってくれ、自分たちの意見を聞いてくれた。それ

図１　新卒労働者の卒業後３年以内離職率の推移（大学卒）

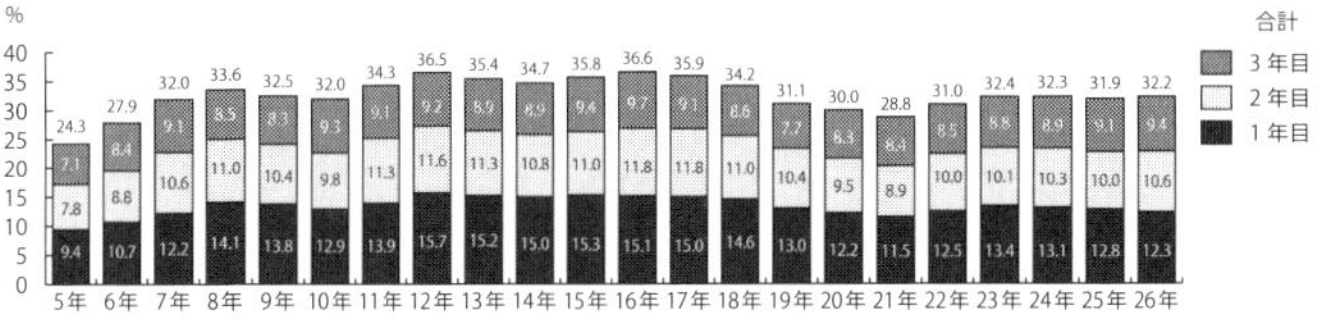

出典：厚生労働省「新規学卒者の離職状況」平成29年9月15日

表１　初職が正社員であった離職者の初職を辞めた理由（男女計）

初職離職理由	初職正社員	初職継続期間　単位：%		
	計	1年未満	1年〜3年未満	3年以上
労働時間・休日・休暇の条件がよくなかった	29.2	35.7	32.0	25.3
人間関係がよくなかった	22.7	35.3	24.8	16.1
仕事が自分に合わない	21.8	35.8	24.6	13.7
賃金の条件がよくなかった	18.4	17.7	19.7	18.9
ノルマや責任が重すぎた	15.8	22.0	16.5	13.2
会社に将来性がない	14.3	12.5	13.7	16.8
結婚、子育てのため	12.6	3.2	9.8	21.1
健康上の理由	11.4	13.7	13.2	9.3
自分の技能・能力が活かせられなかった	8.6	9.4	10.2	7.4
倒産、整理解雇又は希望退職に応じたため	5.2	5.8	4.9	5.6
不安定な雇用状態が嫌だった	3.8	3.1	4.2	4.1
1つの会社に長く勤務する気がなかったため	3.8	2.3	3.7	4.8
責任のある仕事を任されたかった	2.0	1.4	2.1	2.3
家業をつぐ又は手伝うため	1.2	0.4	1.1	1.9
介護、看護のため	1.0	0.8	1.1	1.1
雇用期間の満了・雇止め	1.0	1.5	0.9	0.8
独立して事業を始めるため	0.5	0.0	0.3	1.0
その他	19.1	15.0	18.3	23.4
無回答	3.3	0.4	0.3	0.5
合計（N）	3,926	779	1,494	1,537

出典：労働政策研究・研修機構「資料シリーズ」№171. 2016年5月

が当たり前だと思っていたけれど、企業に入るとそんなことは全然通用しなかった」と。

　仕事を辞めた理由を見ると（表1）、1位から5位までいずれも企業社会での働きづらさがあげられている。労働時間、給料という労働条件、仕事内容やノルマ・責任という仕事条件、人間関係という職場条件が三大ネックになっている。

　正規労働者もこのように多くの人が離職していく一方、近年は短期雇用の非正規労働者が急増している。

2　非正規労働者はエンゲルスが描いた「労働貧民」ではないか

非正規労働者の急増ぶりは目を見張るものがある（図2－1）。総務省「労働力調査」によれば、「役員を除く雇用者」のうち、「パート」、「アルバイト」、「労働者派遣事業所の派遣社員」、「契約社員・嘱託」、「その他」といった、いわゆる非正規労働者は、2006年1678万人、2010年には1763万人、2014年には1962万人、そして2016年には2000万人を超えて

図2－1　正規･非正規雇用者数（実数）

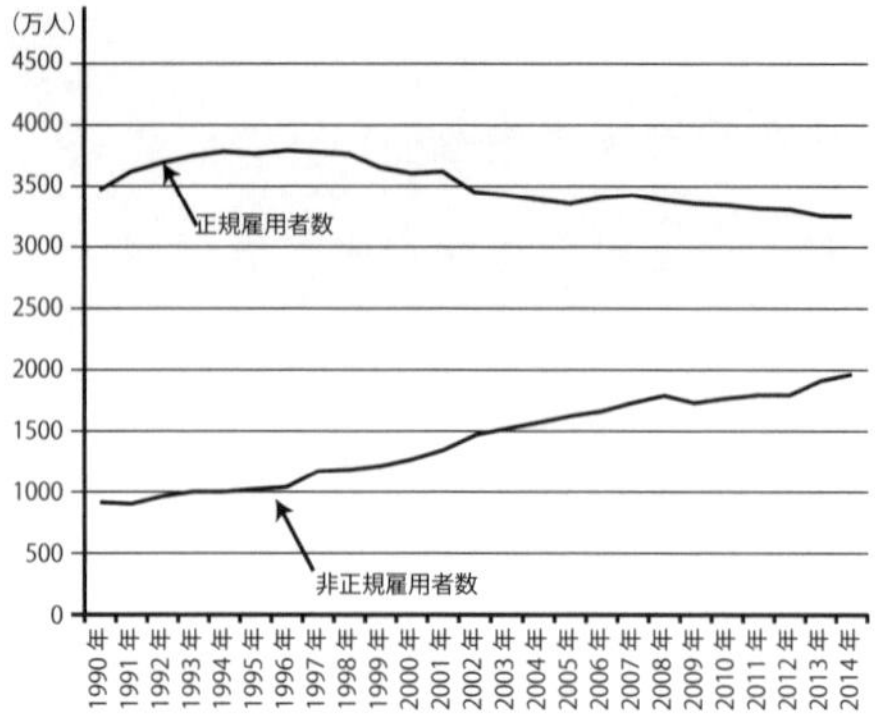

出典：統計 Today　No.97　総務省統計局統計調査部
国勢統計課労働力人口統計室長　江刺英信

図2－2　正規・非正規雇用者の割合の推移

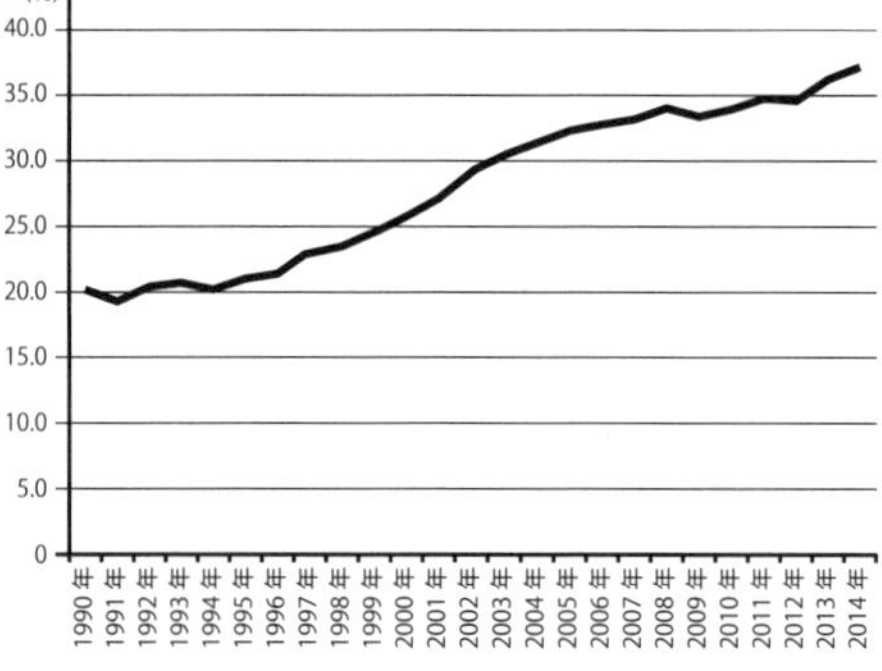

出典：統計 Today　No.97　総務省統計局統計調査部
国勢統計課労働力人口統計室長　江刺英信

２０１６万人となった。

非正規労働者の全体に占める割合（図２−２）は、１９９４年22・８％、１９９９年27・５％、２００３年34・６％、２００７年37・８％、２０１０年38・４％、２０１４年39・８％と増大の一途をたどり、40％に達しようとしている。

図３　正規・非正規労働者の貧困世帯の分析（男性）

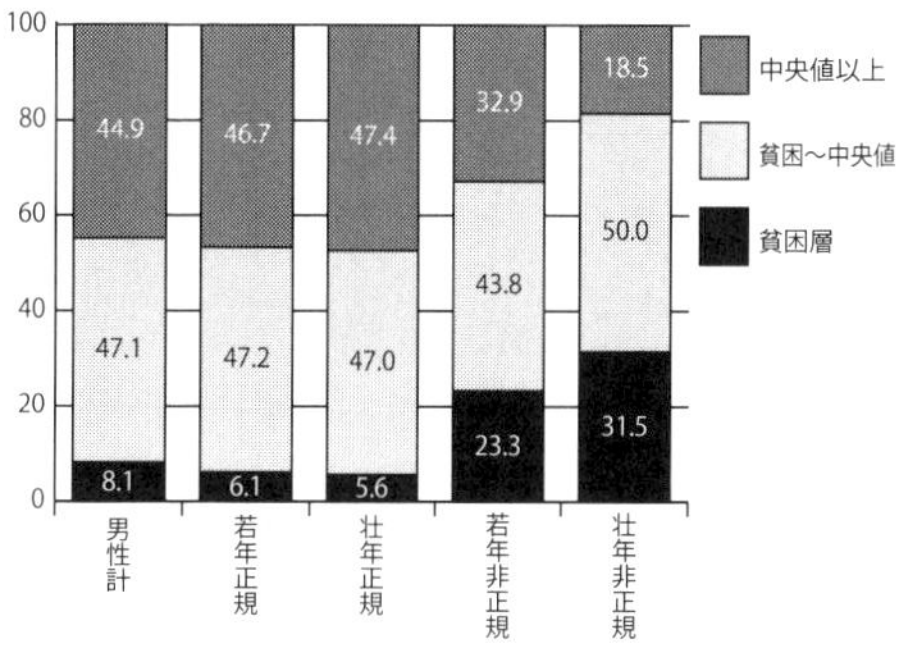

出典：労働政策研究・研修機構　労働政策研究報告書 No.164』2014年、152頁

その生活実態を見てみよう。

厚生労働省「賃金構造基本統計調査」（２０１６年）によれば、雇用形態別の賃金は、男女計では、正社員・正職員３２１・７千円（年齢41・４歳、勤続12・７年）、正社員・正職員以外２１１・８千円（年齢46・５歳、勤続７・７年）となっている。非正規は正規の２／３しかもらっていない。男女別にみると、男性では、正社員・正職員３４９・０千円、正社員・正職員以外２３５・４千円、女性では、正社員・正職員２６２・０千円、正社員・正職員 以外１８８・６千円となっている。

世帯年収における貧困層を正規と非正規で比べてみるとどうなるか（図３）。「ここでは等価世帯所得が１５０万円以下の場合を「貧困」と定義している。150万円という区切りは、雇用労働者の等価世帯所得の中央値(300万円)の50%にあたる。男性雇用者の場合、「貧困層の比率(貧困率)は、若年非正規労働者が23・3%、壮年非正規労働者が31・5%である」(労働政策・研修機構『労働政策研究報告書No.164』2014年、152頁)。

連合総研の2015年の調査によれば、大都市部の20歳代~40歳代の非正規労働者を対象とした調査(連合総合生活開発研究所『第2回非正規労働者の働き方・意識に関する実態調査』2016年3月)であるが、「非正規労働者が主稼得者である世帯では、約3割が世帯年収200万円未満であること、また生活苦のために食事の回数を減らした経験がある割合が約2割、貯蓄がない割合が約3割に達すること、全体の約4割超の人が雇止めの不安を感じていること、…などが明らかになりました」(はじめに)といっている。

年収200万円未満はワーキング・プアの指標である。食事を減らす、貯蓄がないという貧民状態を示している。

以上のように、今日の日本で非正規労働者は労働貧民ならびにその予備軍であるということができる。F・エンゲルスは、170年前のイギリスで労働貧民の姿を『イギリスにおける労働者階級の状態』で克明にとらえた。自動紡績機の急速な導入のなかで、労働者が失業し、残った者は賃金の切り下げにあって苦しんでいる。

「いわゆる細いミュール糸紡績工は、たしかに週30ないし40シリングという高賃金をとっているが、それは、彼らが紡績工賃を維持するための強力な組織をもっているのと、その仕事を身につけるには骨がおれるせいである。ところが、太糸紡績工は、細糸には応用できない自動機械（self-actors）と競争しなければならないし、彼らの組織はこの機械の導入によって弱体化されたので、非常に低い賃金しか得ていない。あるミュール紡績工は、週14シリング以上はかせげない、と私に語った。」（ＭＥＷ2、363、三六九－三七〇）

熟練が残る細糸紡績工は、その職業組合に団結して高賃金を守っているが、非熟練化された太糸紡績工は無残に貧民化させられている。さらにひどいのは木綿工業の手織工である。

「機械と競争するこれらの労働者のうちでも、もっとも虐待されているのは木綿工業の手織工である。…また、そのうえ手織業は、その他の部門で失業したすべての労働者が逃げ込む最後の避難所であるため、ここでは労働者はいつもあふれている。だから、ふつう手織工は、週6ないし7シリングもかせげれば、幸福だとおもっている。そして、これだけの織賃を手に入れるためにさえ、毎日14時間ないし18時間も自分の織機に座っていなければならない。…彼らの住宅は、場末のひどい囲い地や横町にあって、ふつうは地下室になっている。往々半ダースもの手織工たちが、そしてそのうちの数人は結婚していたのだが、仕事部屋が1室か2室しかなく、共同の大きな寝室が一つしかない一軒の小屋（cottage）に、いっしょに住んでいた。彼らの食物はほとんどジャガイモだけからなり、たぶんいくらかの燕麦がゆと、まれにミルクがあるくらいで、肉はほとんどまったく姿をみせない。これらの手織工の大多数は、アイルランド人か、アイルランド系の連中である。」（MEW2、365-6、三七二）

相対的に高賃金の細糸紡ぎ＝熟練労働者、熟練が解体しつつある太糸紡ぎ＝労働者、そして機械化に取り残された工場の手織り＝単純肉体労働者が上中下の階層に分解している様がよくわかる。これを現代日本の労働者に類比させるとおおむね、上層は正規労働者、中層は非正規労働者、下層は非正規のうち年収200万円未満のワーキング・プアに対応するといえよう。

3　プロレタリアート（労働者階級）にはそもそも亀裂がある

――「労働力は独特の商品である」の意味

them-us model「やつらとおれたち」

マルクスの生きた時代のイギリスでは、上層の労働者は「おれたち」という自負をもったブルーカラー（熟練労働者）であった。

イギリスではホワイトカラー（管理職）とブルーカラーの間に厳然とした身分的な格差と対立があった。工場内での食堂や町のパブ、住宅地、そして話す言葉が、ホワイトカラーとブルーカラーとではまったく違うのである。現場労働者であるブルーカラー（おれたち）から見れば管理職や事務職のホワイトカラーは「資本家の手先」であり「敵（やつら）」なのである。現場では労働者は熟練をもち、ショップスチュワード（職場世話役）を立てて自分たちの力で職場を統制していた。誇りある労働者だった。その雰囲気は、１９９０年代中盤の閉山前の炭鉱の出来事を描いたイギリス映画「ブラス！（Brassed Off）」などにうかがえる。

１９７０年代以降、イギリス政府は労働組合運動を敵視し抑え込んでいった。「新自由主義と市場主義の社会で、労働者階級の存在や仕事が評価されなくなるにつれ、白人労働者階級は…自分たちのアイデンティティと『社会の中での居場所』を失っていった」（ブレイディみかこ『労働者階級の反乱　地べたから見た英国ＥＵ離脱』２０１７年、１３０頁）。しかし、ＥＵ離脱をめぐる国民投票でかれらの多くは「離脱」を選択した。「末端の生活のことを知らないやつら」であるキャメロン首相やＥＵ官僚に対する「おれたち」の久々の反乱だったのである。

これを「them-us model」という。日本語に置き換えると「やつら－おれたちモデル」ということになろうか。労働者が熟練をもって職場をコントロールしていたために、資本は労働現場に介入することができないので、雇用関係で労働者を「形式的に包摂」していただけなのである。

以上見てきたように、今日の日本の労働者は大きく正規と非正規の二つのグループに二分されているが、かつてのイギリスにおいても熟練労働者（ブルーカラー）と労働貧民に分たれている。

「二重の意味で自由である」と深い溝

マルクスは「労働力は独特の商品である」といい、「労働者は二重の意味で自由である」と分析する。

「自由というのは二重の意味でそうなのであって、自由な人として自分の労働力を商品として処分できるという意味と、他方で、労働力のほかには商品として売るものをもっていなくて、自分の労働力の実現のために必要なすべての物（生産手段）から解き放たれており、すべての物から自由であるという意味で、自由なのである。」（Ｉ１８３、二二一）

「自由な人」というのは、人が「彼の労働能力、彼の一身の自由な所有者」（Ｉ１８２、二二〇）ということをベースにしており、近代の社会においては「自由な所有者」として市場や市民社会で対等平等な市民であることを意味している。

しかし、「すべての物から自由」なかれは、労働力しか売るものはなく、「一定の期間を限ってのみ労働力を売る」ことによって生活するのである。すなわち、「労働力を手放してもそれにたいする自分の所有権は放棄しないというかぎりでのことである」（Ⅰ183、二二〇）。

私たちはここで立ち止まって、この二つの意味の間に深い溝があることを考えなければならない。簡単にいえば、労働者は独立した市民であるが、一定期間において他者の奴隷でなければならない、ということである。こんなことはどうすれば可能なのだろうか。

マルクスもこの深い溝に気がついており、労働力と賃金を規定するとき、微妙なブレを示している。労働力を狭く規定すると「労働によっては、人間の筋肉や神経や脳などの一定量が支出されるのであって、それは再び補充されなければならない」ということになり、補充に必要な「一定量の食物や衣服や住居」が必要となり、これが賃金として規定される。すなわち「労働する個人」として維持することである（Ⅰ185、二二四）。ここでは「筋肉や神経や脳などの一定量の支出」を担うだけの人間が規定されている。

他方で、「労働力の生産は個人の存在を前提」するので、「いわゆる必要欲望の範囲もその充足の仕方もそれ自身一つの歴史的な産物であり、したがって一国の文化段階によって定まるものであり、…ある歴史的な精神的な要素を含んでいる」（Ⅰ185、二二四）。それゆえ、ここでは労働者は歴史的、文化的、精神的に生活する人間としてとらえられている。

前者の「労働する個人」は、明日も今日と同じように労働しさえすればよいという、いわば最低必要条件の賃金を与えられる存在として示されており、後者の「存在としての個人」は文化的、精神的存在であるという、いわば十分条件の賃金を与えられる存在として表わされている。

マルクスは、機械制大工場のなかで組織化されるプロレタリアート（労働者階級）の存在を高らかにうたい上げているが、以上のような規定のなかにある深い溝を考えるとき、そのような一体的団結の労働者が存在するのかどうか、根本的に疑問となるのである。

ちなみに、プロレタリアートは古代ローマで「無産市民」を意味して生まれた言葉であるが、マルクスが「私的所有の集中は、ローマにおいては…帝政下に非常に進行した。他方、これと関連して平民的小農民のプロレタリアート化。しかしこのプロレタリアートは有産市民と奴隷のあいだの半端な地位のゆえに、独立的な発展をするにはいたらなかった」（『ドイツ・イデオロギー』、MEW3、24、一九─二〇）と述べているように、その初発から「半端な」存在だった。

4 「必要労働時間」と「剰余労働時間」は分けられない

――「搾取される」とはどういうことか

マルクスは、工場で働く労働者を見すえながら、1労働日が12時間であるならば、たとえばそのうち8時間の労働が賃金分の商品を生産する「必要労働時間」であり、残りの4時間の労働が資本の取り分になる「剰余労働時間」である、と時間決めで剰余労働の発生を説いている。

図4-1　必要労働時間と剰余労働時間（従来の理解）

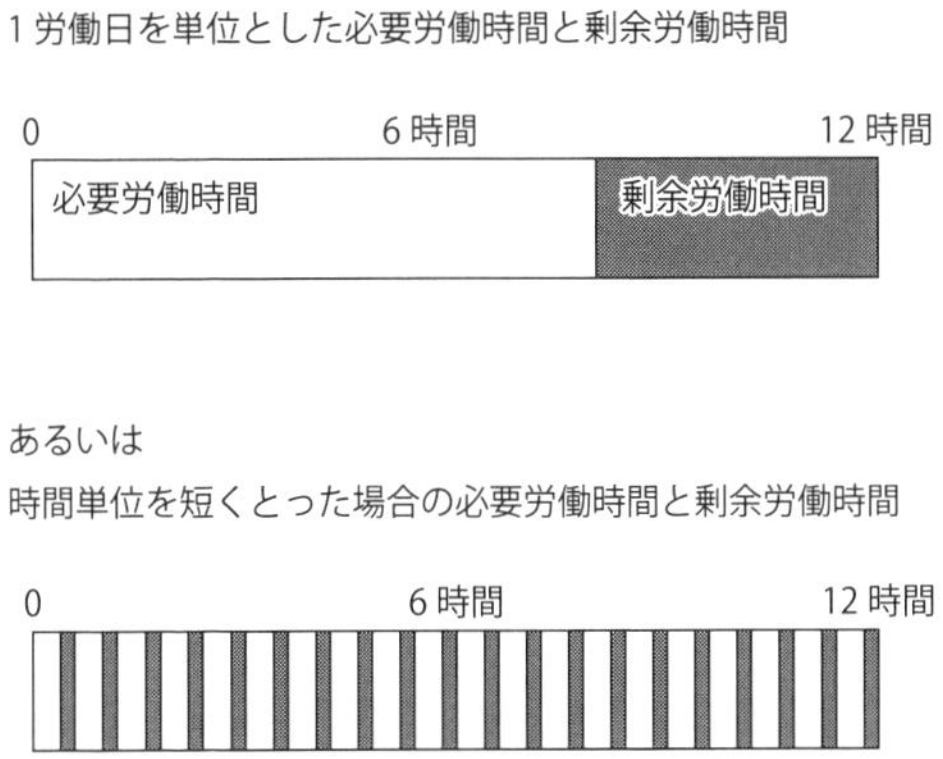

それでは、「必要」といわれる8時間は、労働者は自分のために働いているのであろうか。「剰余」を生産する4時間は、これは資本家のためのまったくのただ働きとして苦々しく働いているのだろうか。二つの時間の区切り目はあるのだろうか。もしもこの二つの時間が1分間単位で分かれるとしたらどうであろう。40秒必要労働で20秒剰余労働、また40秒必要労働で20秒剰余労働、というのが７２０回繰り返すのである。このようなことにリアリティがあるのだろうか。必要労働時間と剰余労働時間という概念は現実の労働過程から遊離したものなのではないだろうか。

この「必要」と「剰余」の時間の区切りは、たしかに労働者に説明するときに非常にわかりやすい。しかし、これは生産された商品のなかの、最初に投資された価値額と新たに剰余価値として得られた価値額を労働時間の尺度に投影したに過ぎないものである。知的に思索する暇のない労働者にたいして行う啓蒙的なたとえ話であり、本質的な説明にはなっていない。

自営業的な仕事と企業で雇用されて働く労働の大きな違い

それでは、労働の搾取はどのように行なわれるのだろうか。なぜこれほど多くの新卒労働者が離職してしまうのかを考えていくと、労働の搾取の秘密に到達できる。

新卒労働者が知っている「働く」という姿は、たぶんにパン屋や大工や町工場など街なかで見受けられる労働であり、また学校教師や看護師などの専門職の労働である。かれらは一応人格の自由を保持して自分のペースで働いている。しかし、大企業の工場や会社は「無用の者、立ち入り禁止」であるから、中で行われているじっさいの労働はほとんど知ることができない。近頃はインターンシップで会社や工場の中での仕事を体験できるが、それはインターンシップ用に準備された働き方でしかない。また、企業で働く親はどういうわけか子どもに会社や仕事のことはほとんど話さない。辛いことが多いからか、誇りをもって話せるようなことが少ないからか。

多くの若者が労働契約を結ぶとき、かれらは街なかや学校におけるそのような労働イメージを前提にしているのである。それは、一応の人格の自由と尊重のうえに、単純商品生産（自営業的生産）の世界で行われている労働なのである。しかし、大企業は巨大な組織機構であり、いわば軍隊式の規律が貫徹しており、若者には未知の世界である。働き方が全然違うことは、企業に入ってからわかる。

単純商品生産の市場で想定された自営業的な労働には、プラスイメージとマイナスイメージの両面がある。プラスイメージは、自分の判断と計画で働くことができ、その生産手段を自分で所有することができることである。マルクスはこれを自己労働にもとづく所有すなわち「個人的所有」といって高く評価している。「私的所有」は、資本や土地を所有していて自分が働かなくても力を他に及ぼし利得を得られるものであるから、根本的に違うのである。多くのサラリーマンが「脱サラ」を望んでいるのも、会社という私的所有の世界から自営業的な個人的所有の世界に移り住みたいと思っているからである。

マイナスイメージは、自営業といえども商品市場で売れるものを生産し販売しなければならないということである。マルクスは、それを「単純商品生産者」と名づけるが、たとえばパン屋の仕事（work）も他人の欲望に合わせて商品を製造している限りにおいて、それはやはり労苦な労働（labor）であるといっている。

「私の個性はとことんまで外在化されているために、この活動は私にとっては憎らしいもの、苦悩である。むしろそれは…強制された活動にすぎない。」（『ミル評注』、ＭＥＷ40、４６３、三八三、傍点はマルクス）

自営業的な自前の労働は生産の面では自分の自由意思で仕事ができるとしても、それは販売市場を通じて他者の欲望によって規定されており、消費者の欲求に合わせて仕事をしているのである。たとえ自分が満足するものを作れたとしても、消費者が求めてくれなければ廃業の憂き目にあう。そこには労苦が含まれているので、これを〈労苦〉労働と名づけ、その労働の労苦水準をAとしておこう。

他方、会社に雇用されて働くようになれば、会社の指揮・監督のもとで働くことになり、自分の思い通りには働けず、その労苦は倍加する。

「労働者は資本家の監督のもとに労働し、彼の労働はこの資本家に属している。」（Ⅰ199、二四三）

「労働する諸器官の緊張のほかに、注意力として現われる合目的な意志が労働の継続期間全体にわたって必要である。しかも、それは、労働がそれ自身の内容とその実行の仕方とによって労働者を魅することが少なければ少ないほど、したがって労働者が労働を彼自身の肉体的および精神的諸力の自由な営みとして享受することが少なければ少ないほど、ますます必要になるのである。」（Ⅰ193、二三四）

資本家の指揮・監督のもとで働く労働は、「自由な営み」ではなく「内容が労働者を魅することが少ない」強制された労働なので、それだけ緊張と注意力を倍加させて働くことになる。労苦は倍加されるので、それを〈痛苦〉労働と名づけ、その労働の労苦水準をBとしよう。

図4-2　A水準（市民社会）労働とB水準（資本制）労働の差引量としての剰余労働

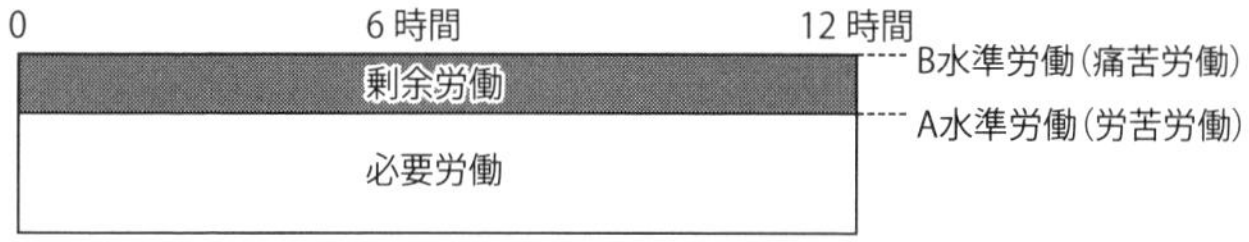

この二つの労働における心身エネルギーの投入量を考えてみると、

会社における〈痛苦〉労働（B水準）＞自営業における〈労苦〉労働（A水準）

である。つまり、自前で働くより資本家の指揮・監督のもとで働く方がはるかに辛いのである。

それゆえ、その二つの間に労苦量の差が生じてくる。

B水準の〈痛苦〉労働 −《マイナス》 A水準の〈労苦〉労働＝プラス値の労苦量

そして、この差の労苦量が資本家の手元に入るとそれが「剰余労働」とマルクスが規定するものにあたるのである（A水準の〈労苦〉労働が「必要労働」にあたる）。

図4-2は、A水準の労働を必要労働、B水準の労働がそれを越える分を剰余労働として表わしている。ここでは、労働時間の間のどの時点を取ってみても、剰余労働が存在している。毎分毎秒、刻々と搾取されていることになる。

近代の市民社会はA水準で運営されている

近代市民社会は、自由・平等を人権として掲げた社会であるが、それは単純商品生産の市場社会をベースにして成り立っている。市場では商品生産者はお互いに対等、平等の立場から物を売り買いしている。それゆえ、市民社会の成員はすべて同じ自由・平等な人格として向きあっているのである。しかし、それはもちろん形式としてであって、実際の経済生活では富める者と貧しい者、資本をもつ者ともたない者の間に大きな格差が存在している。

資本をもたない者は市場社会で売るものがないので、けっきょく自分の働く能力つまり労働力を時間決めで資本家に売るしか道がない。いわゆる「労働力商品」である。この商品の価格が賃金なのであるが、市民社会は単純商品生産の市場社会をベースにしているので、この労働力が担う労働の労苦は自営業的なA水準であり、それを日々生みだす生活費が賃金として支払われる。

資本家は、購入した労働力商品を工場や会社で指揮・監督して働かせるのであり、その労苦の水準は自営業的なA水準より重いB水準となる。より軽いA水準に相当する賃金で雇用した労働者により重いB水準の労働で働かせるわけであるから、そこにB－《マイナス》Aの剰余労働量が生じ、これが剰余生産物として結実して資本家の取り分すなわち剰余価値になるのである。

新卒の労働者は、A水準で想定していた世界から急にB水準の世界に投げ込まれるわけであるから、この労苦のギャップに驚き悩む。これに耐えられない人びとは会社を辞めていき、これに耐えられる人は、資本制の世の中ではこれが当然なのだ、とあきらめて働きつづける。これが、剰余労働を生み出し資本が増殖していく根っこのところで行われていることなのである。

II

労働者なのに資本家の仕事をさせられる〈苦悩〉

1　電通の「鬼十則」が意味するもの

電通の新入社員であった高橋まつりさんが、２０１５年12月25日、過労自殺した。直前１か月の残業は約１０５時間であった。「体も心もズタズタ」「眠りたい以外の感情を失った」とＳＮＳに書き込まれていた。その背景には、会社が従業員を過剰労働へと向かわせる「鬼十則」の社訓があった。引用してみよう。

電通の「鬼十則」

１）仕事は自ら創るべきで、与えられるべきではない。
２）仕事とは、先手先手と働き掛け、受身でやるべきではない。
３）大きい仕事と取り組め。小さい仕事は己を小さくする。
４）難しい仕事をねらえ。それを成し遂げるところに進歩がある。
５）取り組んだら放すな。殺されても放すな。
６）周囲を引きずり廻せ。引きずるのと引きずられるのとでは、長い間に天地の差が出来る。
７）計画を持て。長期の計画を持っていれば、忍耐と工夫と正しい努力と希望が生まれる。
８）自信を持て。自信がないから君の仕事は迫力も粘りも厚みすらもない。

9）頭は常に全回転。八方に気を配って一分の隙があってはならぬ。サービスとはそのようなものだ。
10）摩擦を恐れるな。摩擦は進歩の母、積極の肥料だ。でないと、君は卑屈未練になる。

「殺されても放すな」「君は卑屈未練になる」など道徳的に脅迫じみた言葉が使われているのはもちろん問題である。しかし、それ以上に、この十則は、労働者ではなく企業家・経営者が追求する目標・訓戒であるということである。経営訓として企業家がこれを実践するのはよいとしても、労働者が企業家の仕事を肩代わりして必死にこれを実践するように強制することは許されるのか。オリックス厚木支店でも女性総合職の26歳の方が２００１年11月に自殺しているが、月１００時間をはるかに超える時間外労働で体調を悪化させたと同時に、支店長によるパワハラも激しかった。その支店長は部下に対して電通の「鬼十則」を配布するような人であった。２０００年3月には電通入社2年目の社員大嶋一郎氏が過労自殺し、それに対する訴訟において最高裁判決が電通の責任を認定し、労務管理のあり方が問われていた時期であったにもかかわらず、である。（川人博『過労自殺 第二版』岩波書店、２０１４年、36‐37頁）

労働者は企業に雇用され、その指揮監督の下に労働する存在である。与えられた職務に対して忠実にそれを遂行する義務はある。しかし、「仕事は自ら創るべきで、与えられるべきではない」、「周囲を引きずり廻せ」、「長期の計画を持て」などと要求することは、重い石を担がせて高く跳べと命じるようなものである。できないこと、させてはいけないことをさせているのである。これをさせるのであれば、労働者にかれらの自発性、主体性の発揮を保証する経営参画を認めなければならない。

日本では加えて、伝統的な「おイエ」制度をひきつぐ「企業一家」主義の経営が根強く残っている。あの類まれな高度経済成長の成功体験もあり、それがひきつがれて企業と従業員の一体性が強調される。しかし、経営に対する責任は労働者にあるのではなく経営者にあるのである。

こんにち、資本はきびしいグローバル競争のなかで、この経営責任を労働者におしかぶせようとして、業績主義、「自己責任」論を強めている。「自己責任」をいうならば、それは経営者がみずからに問う言葉であって、それを労働者に押しつけることは全くのルール違反である。その証拠に、近年の企業の首脳部に無責任態勢が蔓延して、製品の安全性に対する虚偽・隠ぺい、鉄道車両の危険運行の放置など不祥事が数えられないほど発生している。丸山真男がかつて『軍国支配者の精神形態』で指摘したように、軍国支配者たちは天皇という大義名分を利用して上から下への「抑圧委譲」をおし進め、その結果、自らの「無責任」態勢を蔓延させ国を滅ぼしたのであるが、それと同じことが起きているのである。言葉は「自己責任」とスマートになったがやっていることは「抑圧委譲」なのである。

2　部長は経営者か労働者か

表２　日本の大手企業の部長、課長の報酬、経営者の報酬

（単位、万円）

会社名	従業員平均年齢	従業員平均年収	課長級	部長級	取締役平均年収	取締役員数
トヨタ自動車	37.8 歳	801	研究開発（40 前）1490 財務経理（40 後）1144	−	8346	30 人
日産自動車	41.6 歳	728	技術生産（40 後）796	財務経理（40 後）1400	2 億 8655	9 人
パナソニック	40.6 歳	820	営業（40 後）1258 技術生産（40 後）1320	−	5564	17 人
三菱電機	42.1 歳	792	技術生産（40 後）936	財務経理（40 後）1120	−	
日本電気	39.8 歳	764	技術生産（40 前）1020	研究開発（40 後）1204	−	
富士ゼロックス	43.9 歳	994	営業（40 前）1188 営業（40 後）1020	−	−	
キャノン	38.3 歳	792	研究開発（40 後）1896		6344	25 人
三井物産	41.7 歳	1443	−	経営企画（40 後）1764	8200	11 人
三菱商事	42.9 歳	1355	営業（40 前）1380	−	1 億 4100	11 人
三井住友銀行	35.5 歳	825	−	人事総務（40 後）1698	5600	10.5 人

出典：『プレジデント　日本人の給料』2009 年 11 月 16 日号より作成
引用：岩崎信彦『21 世紀の資本論』御茶の水書房、2015 年、313 頁

それでは、部長や課長は経営者の部類なのか労働者の部類なのか。年収を見ると、部長はかなりの高級であり、どちらかというと経営者の部類に属するように見える。

２００８年の大企業の役職者の給与事例は表２のようである。

厚労省の『賃金構造基本統計調査』によると、常用労働者が１００人以上の企業に属する労働者の月額給与は、男性では、部長級６６万６７００円、課長級５３万２４００円、係長級３９万６７００円となっている。

マルクスも部長や課長の役割と賃金を説明するために、読者の疑問に答える形で次のようにいう。資本家の収入である「企業者利得」は「能動的資本家が行なう機能の

果実」（Ⅲ３８８、四六九）ではないのか、あるいは「監督賃金」ではないのか、と。そして、「彼の企業者利得は——けっして賃労働にたいしてなんらかの対立をなしていてただ他人の不払労働でしかないというようなものではなく——むしろそれ自身労賃であり、監督賃金であり、…普通の賃金労働者の賃金よりも高い賃金である…」（Ⅲ３９３、四七六、傍点はマルクス）と考えるべきではないか、と問う。要するに、資本家は労働者から不払い労働を搾取しているのではなく、労働者を指揮・監督するという監督労働をしているのだから、一般労働者より高い「監督賃金」を得て当然であるのではないか、と。

しかし、その「監督賃金」といわれるものがますます下がっている現実がある、だからこのようなもので資本家の企業者利得を説明することなどできないのだ、と切り返す。

「利潤を…単なる監督賃金に、実際に還元すべきだという要求が出された。そして、この要求は、理論的なごまかしにたいしてますます不愉快なものとして相対するようになった。というのは、一方では、多数の産業的管理者や商業的管理者から成っている一つの階級が形成されるにつれて、すべての技能労働賃金と同様にこの監督賃金もますます下がってきたからである。」（Ⅲ４０２-３、四八八）

つまり監督労働は、はじめは資本家が行っていたが、しだいに労働者にその役割を委譲するようになり、当初は監督労働者は一般労働者よりかなり優位であったが、しだいにその数が増えていき「一つの階級」になってくると賃金も下がってきたのである。そのような監督賃金が資本家の企業者利得の内容になるわけがない、といっているのである。

下がったといっても、見てきたように監督労働者のトップである部長の給与はかなり高い。この高さをどのように説明できるのだろうか。マルクスは次のようにいっている。

「資本のもとでの支配・隷属関係を前提すれば、賃金労働者が、彼自身の労賃を生産したうえに、監督賃金、すなわち自分を支配し監督する労働者にたいする給与を生産することが…強制される。」（Ⅲ399、四八四）

要するに、一般の労働者は自分の賃金分を働いた上に、部長など上級管理者の高い給与分をただ働きで提供するのだ、といっているのである。これは、けっきょくのところ、労働者の剰余労働を資本が収取したうえでそのなかの一部を部長の賃金に上乗せして、高い給与にする、という意味である。

賃金はほんらい労働者が市場で企業と個々に契約を結んで決めるという個別的なものであった。しかし、機械化が進み、資本による労働者の実質的包摂が進むと、企業内の分業・協業が一つまとまりの体系となって資本によって管理運営され、労働者も「全体労働者」としてのみ働くことになる。それゆえ、賃金も個別的なものではなく、一つの体系だった「等級的編制」をとった給与表となる。

部長ら管理職へむけての労働者の昇進競争をうながし、企業経営への忠誠心を高めるために、資本は利潤から若干の部分を割いて部長級の給与に積み増しをし、上厚下薄の給与体系をつくっている。つまり、たとえば係長はヒラの労働者の一・三倍、課長は係長の一・四倍、部長は課長の一・五倍など「経営心理学」的に数値化した「等級的編制」にしているのである。このようなメカニズムによって、部長など上級管理職も本来は労働者であるのだが、資本から若干の分け前をもらって、資本家・経営者のいわば親衛隊となっているのである。

3　誇りある労働者から機械や会社に従属する労働者へ

資本による労働者の実質的包摂

かつて日本でも、新入りのサラリーマンが「資本家というのは課長のことか？」と先輩に尋ねたという逸話があるが、たしかに課長は彼になんでも指示・命令を出す上司であった。日本ではそれは逸話にすぎないが、一昔前の、マルクスの時代のイギリスではそのようなとらえ方は当たり前のことだった。つまり、課長は資本家の手先だったのである。

イギリスではホワイトカラーとブルーカラーの間に厳然とした身分的な格差と対立があったことはす

でに述べた。現場労働者であるブルーカラー（おれたち）から見れば管理職や事務職のホワイトカラーは「資本家の手先」であり「敵（やつら）」なのである。現場では労働者は熟練をもち、ショップスチュワード（職場世話役）を立てて自分たちの力で職場をコントロールしていた。誇りある労働者だった。労働者が熟練をもっていたために、資本は労働現場に介入することができないので生産過程を実質的には掌握できず、雇用関係で「形式的に包摂」していただけなのである。

しかし、工場制機械工業が発展し、熟練労働者が行っていた仕事が機械におきかえられていく。機械はまさに資本の化身である。１９００年のＦ・テイラーの「科学的管理法」、さらにフォードのベルトコンベア方式が普及して、資本が生産過程をすみずみまで掌握し実質的に包摂していくと、このモデルは崩壊し始め、労働者独自の「おれたち社会」も衰退していくのである。

マルクスは、資本主義的協業が始まる段階で「全体労働者」の形成が行われると指摘している。

「彼ら（賃労働者）の諸機能の関連も生産的全体としての彼らの統一も、彼らの外にあるのであり、彼らを集めてひとまとめにしておく資本のうちにあるのである。それゆえ、彼らの労働の関連は、観念的には資本家の計画として、実際的には資本家の権威として、彼らの行為を自分の目的に従わせようとする他人の意志の力として、彼らに相対するのである。」（Ⅰ３５１、四三四‐五）

労働者は、今や「資本家の計画」のもとに「全体労働者」として「ひとまとめ」に編制され、「やつらの社会」の仕事をさせられていくようになるのである。マルクスは、これを資本による労働者の「実質的包摂」と規定している。20世紀になり機械制大工業が進むと、チャプリンのモダンタイムスのように労働者は機械に従属し、労働意欲（モラール）を喪失していく。１９３０年代には労働生産性をどうしたら上げられるかをテーマにしたホーソーン実験が行われ、労働者のインフォーマルな仲間集団が職場に存在することが発見される。労働意欲を復活させるために、職場にこのような小集団をつくり人間関係を刺激するという管理手法が開発されていくのである。

トヨティズムが意味するもの

このような管理手法を典型的に発展させたのが、のちに世界を席巻するトヨタ経営方式（トヨティズム）の**Kaizen**（改善）活動である。この**Kaizen**（改善）活動が確立した１９８０年ごろに筆者たちが行なった調査では、改善の提案活動について次のような労働者の話を聞くことができた。「3か月ほどリーダーをしたことがあるが、自分の時間がなくなる。おもしろいことはおもしろい。仕事は、こうすればこうなるんだと考えること、こういうことは『やった』という感じがする」（20歳代）、「こういうことをやっていかないと作業者があきてしまう。全員が一つのものにむかっていくという良さ。交流もできる。」（30歳代）、「Aという提案をして、しばらくしてAは問題があるのでだめだ、という提案をする。

2回分でタバコ銭くらいにはなる。人間を減らす提案を出すと一番いいらしいけどね（自分はやらない）。」（40歳代）など。（岩崎信彦「自動車産業労働者における労働生活と疎外――トヨタを事例として」『神戸大学文学部紀要』第11号、1984年）

つまるところ、人減らしを頂点とする生産過程のムダの除去を職場の労働者小集団で徹底的に追求する活動なのである。単調反復の高密度労働に変化を与え、労働者みずからが自発的に企業利益の増大に参加していくようにしむけていく方法である。ガルブレイスもいうように「目標の一致」は経営の極意であるが、改善の目標はあくまで資本の生産性をあげることにあり、労働者の仕事を楽にすることではない。だから「人間を減らす」合理化提案をすれば最高の評価を受け「ハワイ旅行」の賞ももらえるのであるが、年季の入った40歳代の労働者は「おれたち」の首を絞めることはもちろん提案しない。労働者の最後の一線は守っているのである。

他方、営業現場でのノルマ達成の「成果主義」は、より直接に資本の営業・販売機能を労働者が担うしくみである。それぞれにノルマが課され、互いに厳しい競争を促される。長時間高密労働で働き続けると、しだいに判断力を失い、ノルマの達成が人生のすべてのように見えてくるのである。

このようにみずからは賃金労働者でありながら、資本家の意思を体現して労働するようになる。まさに、資本という仮面をつけて働くことになり、その仮面はいよいよ労働者の顔に食い込んできて、労働者のほんらいの意志と思考は混濁し、仮面とのあいだに暗いよどみができるのである。こんにち、生命

図５「勤務問題」が原因・動機の自殺

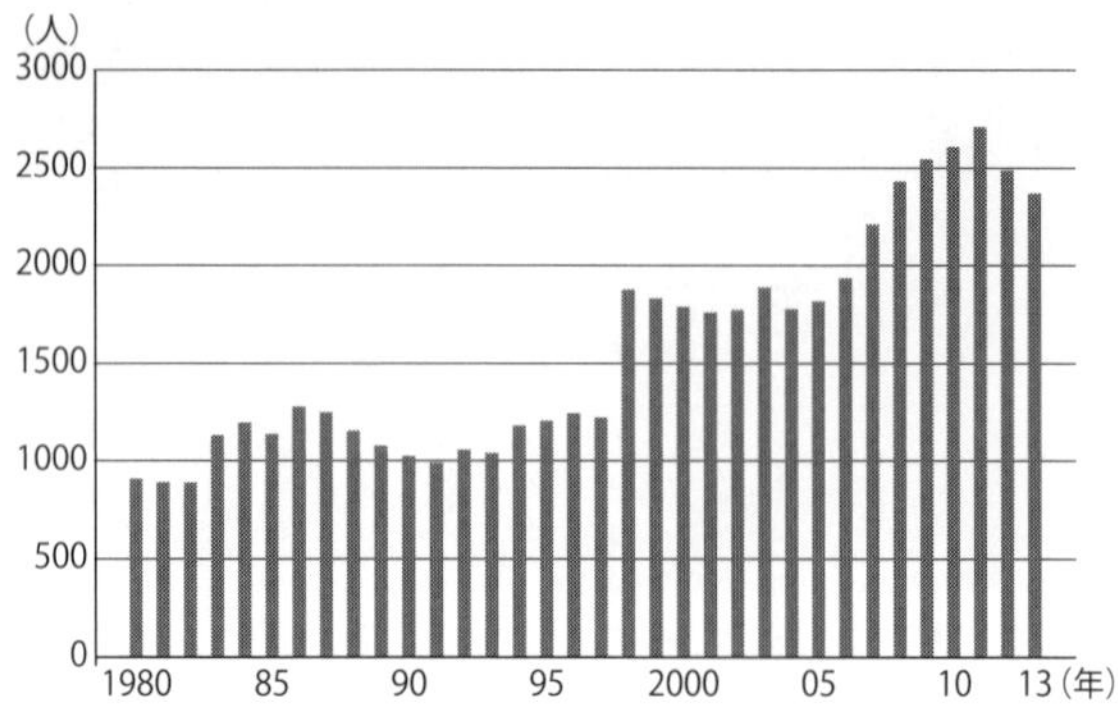

出典：警察庁「自殺統計」より作成
引用：川人博『過労自殺　第二版』岩波書店、2014 年、119 頁

と精神の内的分裂が労働者を襲い、〈痛苦〉労働はいまや〈苦悩〉労働へと深化するのである。こんにち多くの労働者がうつ病などの精神疾患を病んでいる。

厚生労働省「精神疾患の患者数」（医療機関に受診する患者の内訳）によると、うつ病は１９９６年に43・３万人、２０１１年に95・８万人に増加している。不安障害は46・６万人が57・１万人に、統合失調症は72・１万人が71・３万人になっているのに比べれば顕著に増大している。

このような状態のなかで、過労自殺が増大していっている。警察庁の自殺統計では、原因・動機別の集計が行われている。過労自殺にかかわるものは「勤務問題」のほか「健康問題」「経済・生活問題」もあるが、明確に特定できる「勤務問題」に限定しても今日、年間２０００人を超えている。「１９８０年には９１９人で、自殺者総数に占める割合は４・４％だったが、９８年には１８７７人と一気に増大し、自殺者総数に対する割合も５・７％となった。…２０１３

年については2323人となっている。なお、…原因・動機が特定できるケースの範囲内では、『勤務問題』が原因・動機となっている割合は、2013年は約11・5％である。」（川人博『過労自殺 第二版』119-120頁）

NPO愛知健康センターがニュース（『いのちと健康』218号、2017・9）で伝える「就職1年前後で死亡した裁判事例」は、高橋まつりさんをはじめ8事例をあげている。4事例を紹介しよう。

・2017年4月に遺体で見つかった男性（23）は、2016年4月に都内の土木工事会社に入社、12月から国立競技場の地盤改良工事の施工管理業務を担当。…17年4月に長野県内で「身も心も限界な私にはこのような結果しか思い浮かびませんでした。…」と書かれた遺書と一緒に発見された。（入社11ヶ月）

・2011年6月、スギヤマ薬品（愛知）の薬剤師であった杉山貴紀さん（24）は、店舗の営業成績を上げるため長時間・過密労働となり、心不全で死亡した。（入社1年2ヶ月）

・2009年1月、前村貴英さん（21）は、前年の3月にもやし食品に採用され、製造現場で働いた。長時間労働に加え突発的な製造不備に対応するなど過重な業務が繰り返され、自殺。（入社9ヶ月）

・2010年10月、鈴木陽介さん（26）は、中部電力（三重）で教育期間中にもかかわらず提案型業務の主担当にされ、会社の支援がないまま業務に行き詰まり自殺。（入社7ヶ月）

このようなきびしい状態を見ると、マルクスの次の言葉はいよいよ真実味を増してくるのである。

「資本制的生産は、…人間の浪費者、生きている労働の浪費者であり、肉や血の浪費者であるだけではなく、神経や脳の浪費者である。」（Ⅲ99、一一一―一二）

4　経営者と株主はどちらが強いのか
――経営者優位から株主優位へ

前掲の表2によると、経営者（取締役）は部長の数倍の年収であり、特別の存在であることがわかる。マルクスが生きた時代、株式会社がすでに広がり始めており、所有を代表する株主や銀行と経営を代表する経営者が別人格として分離し始めていた。日本でも松下電器産業は、創業者松下幸之助が株主であり経営者であった。しかし、生産規模が大きくなるにつれて資本金を広く社会に求めていかなければならなくなった。それを可能にしたのが株式制度であった。

株式制度のもとでは、株主や銀行が資本を所有する「貨幣資本家」となり見返りとして配当を得るのであり、取締役は株主総会の信任を得て企業を経営し利潤をあげてそこから配当や利子を支払う「機能資本家」となり（Ⅲ394、四七七）、その報酬として「企業者利得」を得るのである。両者の関係をマルクスは簡潔に次のようにいっている。

「この他人の所有物（貯蓄）を貨幣資本家が産業資本家に用立て、その代わり今度は貨幣資本家が産業資本家を搾取するのである。」（Ⅲ524、六四九―六五〇）

こんにち、経営者の報酬は驚くべき額に膨れ上がっている。ロナルド・ドーアはいう。「第二次大戦後の三五年間、ジョーンズ氏（ゼネラル・エレクトリック社社長、七二年当時）のような経営者は、真摯な責任感を伴う公正な経営行動を『アメリカの理想』の重要な要素と考えていた。その期間、財界・産業界の指導者の報酬は従業員の平均給料の大体二〇倍か三〇倍かだった。現在でも、他国ではその程度である。イギリスでは二二倍、カナダでは二〇倍、日本では一一倍である。ところが、アメリカではトップの報酬が螺旋を描いて上昇し続けた。最近のある推計によると、年金ファンドへの掛け金も含めた平均的な大企業社長の報酬は、三〇年前には平均賃金の二五倍であったが、今や四七五倍になっている。」（ロナルド・ドーア『金融が乗っ取る世界経済』2016年、37―38頁）

世界の2016年のCEO報酬は、1位がグーグルの1億9900万ドル（約210億円）、2位はディスカバリー・コミュニケーションズの1億5600万ドル（約165億円）、3位はソフトバンクグループ（副社長）の165億円などである（msn, 2016年6月17日）。

日本では、2017年の日産ゴーン社長は年収10億円（加えてルノーからも8億円）であり、トヨタの豊田章男社長の3億5000万円を大きく上回る。（Business Journal, 2017年3月28日）

株主、銀行（貨幣資本家）と経営者（機能資本家）は、それゆえ、利潤を企業活動から取り出して分け合う二つのグループであり、兄弟のようなものである。もちろん、この兄弟は利潤を分け合うときに仲がよいとは限らない。その分け合いの比率は、両者の力関係しだいである。ドーアが考察しているように、「経営者革命」の時代は会社と経営者群が優位であり、こんにちの「株主（反）革命」の時代には株主とその利害を直接に代弁する最高経営者ＣＥＯの圧倒的優位となっている。すなわち「経営者資本主義から投資家資本主義への移行」（同右、36頁）が進んでいる。

マルクスは、株式制度は、「新しい金融貴族」である株主と「新しい寄生虫」である経営者からなる「思惑と詐欺の全制度」として再生産される、と手きびしくとらえている。

「それ（株式制度）はいくつかの部面では独占を出現させ、したがってまた国家の干渉を呼びおこす。それは、新しい金融貴族を再生産し、企画屋や発起人や名目だけの役員の姿をとった新しい種類の寄生虫を再生産し、会社の創立や株式発行や株式取引についての思惑と詐欺との全制度を再生産する。これは私的所有による制限のない私的生産である。」（Ⅲ454、五五九）

III

貨幣はなぜ「この世の神」なのか

1　おカネで「何でも買える」のか

仮に私たちが1万円のお金と1万円相当の上着と並べられてどちらか好きな方を取ってもよい、といわれたら、どちらを選ぶであろうか。ほとんどの人は1万円のお金を選ぶであろう。というのも、その1万円でどんなものでも買えるからである。それは貨幣に「交換万能性」（ジンメル）があるからである。マルクスは「貨幣はどんな商品にも転換されうる」（I 147、一七四）といっている。

ドイツの社会哲学者ジンメルは、1万円のお金は「個々の1万円の品物＋余得（おまけ）」であるといっている。おカネをもっている買い手はお店で売り子から笑顔で迎えられ、買った時は粗品やポイントもくれる。これが余得である。市場では等価交換が行われるとされながら、余得であるこのプラスαは、貨幣の「交換万能性」がもたらすものである。

貨幣はたしかにこのように「何とでも交換できる」のであるが、私たち労働者・市民の財布や預貯金のおカネは交換万能性をもっているだろうか。あるように見えて、実のところ食費や住居費、老後の生活費に使途が限定されていて、おカネに生活の匂いが、つまりおでんの匂いやローンの苦労や病院通いが最初からしみ込んでいるのである。「何とでも交換できる」というのは、形式上だけであり実際はそうではない。余得はせっせと貯めるポイントくらいである。私たちの手元にある貨幣は、それゆえ瞬間的に通り過ぎていく受身の「一般的等価物」でしかない。

一方、資本家・経営者がもっているおカネはどうであろうか。ビル・ゲイツは邸宅の部屋にダヴィンチのデッサン画（1994年に3000万ドル（当時30億円）で購入）を飾っている。ある資本家は自分用の小型ジェット機をもっている。宴会で空けるワインは一本数十万円である。ともかく何でも買えるおカネである。資本家・経営者のもっている貨幣は余得に満ち満ちているので、誰もがかれらに平身低頭しお愛想笑いをする。そして、実のところこの余得は資本がもたらす剰余価値⊿Gの萌芽なのである。

マルクスはこのような貨幣を「交換価値の絶対的定在」といっている。

マルクスは貨幣の力を「富のいつでも出動できる絶対的に社会的な形態の力」と表現したうえでコロンブスの言葉を引用している。「金はすばらしいものだ！　それをもっている人は、自分が望むすべてのものの主人公である。そのうえ、金によって魂を天国に行かせることもできる」（『ジャマイカからの手紙』1503年）（Ⅰ145、一七二）。また、シェークスピアを引用して「黄金？　黄色い、ギラギラする、貴重な黄金じゃないか、こいつがこれっくらいありゃ、黒も白に、醜も美に、邪も正に、賤も貴に、老も若に、怯も勇に変えることができる。神たち！　なんとどうです？」（『アゼンスのタイモン』）（Ⅰ147、一七三）。

ジンメルも哲学的に次のようにいっている。「神の思想がそのより深い本質をもつのは、世界のすべての多様性と対立とが神において統一に到達するということ…、貨幣が引き起こす感覚は疑いもなくこれとの心理的な類似性をもつ。…（これは）ハンス・ザックスが〈貨幣はこの世においては世俗の神である〉という結論を引き出させていることである。」(G.Simmel, *Philosophie des Geldes*, 1900, Geoge Simmel Gesamtausgabe, Band 6, Suhrkamp,1989,305–7. 居安正訳『貨幣の哲学』、1978年、二四四–五)

このように、貨幣の「何でも買える」という性質は神のそれに類似しており、貨幣は「この世の神」であるといわれるゆえんとなっている。

2　貨幣の分岐点

――幻に終わった価値形態の第V形態

マルクスが貨幣の発生を論理的に解明しているのが、『資本論』冒頭の価値形態論である。しかし、多くの読者はそれを理解できずに最初からつまづいてしまう。それもそのはず、マルクス自身がこの一節は「難解だと非難されてもしかたない」(I 14、八)と釈明しているのである。だから、「難解」なのは、読者の理解力に問題があるからではなくて、マルクスの叙述に問題があるからなのである。

その節のタイトルは「価値形態または交換価値」であり、モノ(商品)の交換がどのように使用価値と交換価値の形態を取りながら展開し、貨幣が誕生するのかを説いている。にもかかわらず、その本文には「交換価値」という言葉が1回も登場しないのである。その代わりに「価値」すなわち抽象的人間労働の論理が軸になっている。それで論理が貨幣の成立という主眼を外れ、非常に複雑になって「非難されてもしかたがない」ほどの難しさになっているのである。たぶん、マルクスは貨幣それ自体の成立よりも資本の成立を論じるための前座としてこの節を位置づけたのであろう。というのも、資本を説明するには抽象的人間労働の概念を確立しておく必要があるからである。

「価値形態」論は、使用価値と交換価値の展開形態からどのように貨幣が成立するか、を見るというのが正しい読み方である。

それではまず、結論としての「貨幣形態」の形態Ⅳを見てみよう。

形態Ⅳ　貨幣形態

20エレのリンネル　＝
1着の上着　＝
10ポンドの茶　＝
40ポンドのコーヒー　＝　2オンスの金
1クォーターの小麦　＝
1／2トンの鉄　＝
x量の商品A　＝

」（Ⅰ84、九四－五）

これは、いろんな商品の価値（交換価値）が2オンスの重さをもつ金《きん》の使用価値に値するということをあらわしており、金2オンスの使用価値として貴金属（装飾品・貴重品）の姿が想定されている。あらゆる商品がこの金の重さによって計られ、それゆえ金との交換を求めて殺到している状態をあらわしている。だから金は貨幣になるのだということである。金は腐らないし、「均等な質」をもっていて「任意に分割と合成」ができる（Ｉ104、一二〇）という属性をもっており、「社会的慣習」（Ｉ84、九五）にもなって、牛や米や鉄串を押しのけて商品世界の王になったのである。

形態Ⅳが示していることは、しかしながら、金はまだ商品の一つであり貴金属（装飾品・貴重品）なのである。金は、すべての商品所有者からいわば「排除され」て、それぞれの商品の価値（交換価値）を計る「価値鏡」（計量手段）という役割を担った一般的等価物である、ということである。

ここで大きな謎にでくわす。われわれが日常生活で最もなじんでいる貨幣で何かを「買う」という行為が、価値形態のなかに見いだせないのである。形態Ⅳは金が欲しがられ、それがあらゆる商品の価値鏡（計量手段）になるという意味で貨幣になっている、というだけである。下辺にあるものは「受動的な役割を演じている」（Ｉ63、六五―六）にすぎないのである。

人が貨幣をもっていて、それで小麦や茶や上着など欲しいものを買うという能動的な場面を新たに設定しなければならない。それを形態Ⅴと設定し「貨幣としての貨幣」と名づけて描いてみよう。

形態Ⅴ　貨幣としての貨幣

=1着の上着
=10ポンドの茶
y量の貨幣（金）=40ポンドのコーヒー
=1クォーターの小麦
=1／2トンの鉄
=x量の商品A

y量の貨幣は下辺のすべての商品に値する。それゆえ、貨幣でどれでも商品を買うことができることになる。貨幣が成り立つには、「売り」の形態Ⅳと「買い」の形態Ⅴの二つが同時に行われることが必要である。そして、マルクスは形態Ⅴについて「価値形態」節では示していないが、次の「交換過程」章でしっかりととりあげている。

「他のすべての商品はただ貨幣の特殊的等価物であり、貨幣は他の諸商品の一般的等価物なのだから、他の諸商品は、一般的商品としての貨幣にたいして、特殊的諸商品として相対するのである。」（Ⅰ

104、一二〇）

この前段の「他のすべての商品はただ貨幣の特殊的等価物であり」というのが形態Ⅴであり、貨幣は「能動的な役割を演じている」（Ⅰ63、六五–六）。一方、「貨幣は他の諸商品の一般的等価物なのだ」というのが形態Ⅳである。この両方が相まって貨幣は「一般的商品」として、まさに貨幣として流通するのである。マルクスは重要な形態Ⅴを内容上知っていながらなぜ描かなかったのだろうか。それは、Ⅴ形態まで進めて貨幣としての貨幣を描けば、この貨幣は「形態的使用価値」だけもてばよいので紙幣でもよくなり、産業資本の誕生を説明しにくくなるからである。

「貨幣商品の使用価値は二重になる。それは商品としてのその特殊な使用価値、たとえば金が虫歯の充填や奢侈品の原料などに役だつというような使用価値のほかに、その独自な社会的諸機能から生ずる一つの形態的使用価値を受け取るのである。」（Ⅰ104、一二〇）

貨幣は、計算手段や流通手段、支払手段としての使用価値があればよいのであって、それ以外の装飾品や生活必需品のような使用価値をもたなくてよい。マルクスは、それを「その独自な社会的諸機能から生ずる一つの形態的使用価値」と明確に規定した。「形態的使用価値」は貨幣として流通するという機能を果たせればよいという使用価値であるから、鋳造貨幣でも紙幣でもよい。なんらの実体を持たなくてよく、象徴でもよいのである。

しかし、貨幣から資本への転化をスムースに説明することが『資本論』第Ⅰ巻のテーマである。人間労働の実体を含んだ金として貨幣を止めておく（Ⅳ形態）方がよいと考えたのである。この節に抽象的人間労働論をもちこんで「難解な」ものにしたことと同じ理由によるものである。

ともあれ、形態Ⅴを示さなかったマルクスであるが、形態Ⅴの本質を次のように明快にまとめている。

「貨幣はもはや過程を媒介しない。貨幣は、交換価値の絶対的定在または一般的商品として、過程を独立に閉じる。」（Ⅰ150、一七八）

貨幣には受動的な「一般的等価物」としての貨幣と能動的な「一般的商品」＝「交換価値の絶対的定在」としての貨幣が存在することがわかった。そして、資本への転化の道をたどるのは、いうまでもなく「一般的商品」＝「交換価値の絶対的定在」であり、それが蓄蔵という契機を経ながら、貸付資本という独立した姿をとっていくのである。私たちの財布にある生活の匂いがしみ込んだ貨幣はけっして資本に転化することはない。ここに貨幣の分岐点があるのである。

3　貨幣は蓄蔵され支払手段となって真の貨幣になる
——信用貨幣の誕生へ

貨幣の蓄蔵と支払の発生

貨幣が資本に転化する前提として、貨幣は貨幣としての自立した姿を取らなければならない。それは、『資本論』の「第3章第3節貨幣」において「a 貨幣蓄蔵」、「b 支払手段」として論じられている。

貨幣蓄蔵とは、売りと買いの流通過程から貨幣としての金銀が引き上げられ「不動化され」（Ⅰ144、一七〇）ることであり、「富のいつでも出動できる絶対的に社会的な形態の力」（Ⅰ145、一七二）となることである。

歴史的にはこれは「黄金欲」としてあらわれ、「交易のすべての点に、大小さまざまな金銀蓄蔵が生ずる」（Ⅰ145、一七二）のである。マルクスはこれを論理的に説明して、「売ることなしに買うためには、まえもって、買うことなしに売っていなければならない」といって「買いのない売り」が貨幣蓄蔵の原点にあるという。そして、金鉱山をその源に置いて、「貴金属はその生産源では直接に他の商品と交換される。ここでは、売り（商品所持者側での）が、買い（金銀所持者側での）なしに行われる」という（Ⅰ145、一七一―二）。

このあたりの説明は理解しづらい。金銀の鉱山から生産された金銀はまだ貨幣ではないので、鉱山の生産資材や生活物資をそれで手に入れるとしても、買っているのではなく、金銀を売っているにすぎない。その金銀は貴重品（装飾品や財宝）となって多くの人にほしがられる。「それ以後の、あとに買いの続かない売りは、ただすべての商品所持者のあいだへの貴金属の再配分を媒介するだけである。こうして、交易のすべての点に、大小さまざまな金銀蓄蔵が生ずる」（Ⅰ145、一七二）のである。

要するに、金銀は貨幣ではなく、貴重品（装飾品や財宝）なのである（すなわち価値形態Ⅳ）。「買いのない」貴重品は「買う」力を潜在させている。そして、ある時、この貴重品＝金銀が何かを「買う」ために交換手段として流通に投げ込まれるとき、金銀は貨幣へと変身する（すなわち価値形態Ⅴ）。金銀貨幣はまさに「買う」ことができる唯一者なのである。それが可能であるのは、金銀が貴重品として、そこに債権的な、あるいは「社会的な質物」（Ⅰ145、一七一）としてのポテンシャリティ（潜勢力）をもっているからである。

そして、金銀貨幣が流通から引き上げられ貨幣として蓄蔵されるとき、「貨幣はもはや過程を媒介しない。貨幣は、交換価値の絶対的定在」（Ⅰ150、一七八）となる。

蓄蔵貨幣は、次には貸し付けられて利子を取る貸付資本となる。誰に貸し付けられたかといえば、たとえば戦争資金の穴埋めを迫られる領主や遊興費の借金返済に困る貴族、また生活に困窮する農民であった。これらに共通するのは、そこに負債が存在し、蓄蔵貨幣がその支払や決済を肩代わりしていったことである。負債を決済する力こそが蓄蔵貨幣の目に見えない威力であり、その威力を意識的に身につけた存在が資本であった。資本のこの威力を領主や貴族や農民が借り入れて利用し、その対価として利子が支払われたのである。

マルクスは、そういう意味で、金銀＝貨幣のなかに社会的富の潜勢力があることを見抜いたのである。金銀形態での貨幣蓄蔵を歴史的にも論理的にも資本の生誕地としようという意図がこの節に込められている。

「a 貨幣蓄蔵」の次に来るのは「b 支払手段」である。「支払う」という行為が生じるのは、「商品の譲渡を商品価格の実現（貨幣の受け取り）から時間的に分離するような事情」（I 149、一七六）が発展するからである。いろんな商品種類によって生産の時間的スパンが異なり、あるいは遠く離れたところで入手される場合があるからである。

この時間的分離は、商品を買ってからそのあとに貨幣を渡すという形で行われる。これが「支払い」である。「買い手は、その代価を支払う前に、それを買うわけである」。その結果生じるのは、「売り手は債権者となり、買い手は債務者となる」（I 149、一七七）ということである。

このような非対照性が生じるのは、貨幣が「交換価値の絶対的定在」であるという交換万能性をもち、他のすべての商品にたいして優位にあるからである。逆にいえば、「売るために買う」すべての商人は、買った商品を貨幣に換えるための「命がけの飛躍」を強いられているからである。この優位性によって、買い手は後払いが可能となり、安んじて債務者になれるのである。

信用貨幣の登場

市場では「債権者と債務者との関係の連鎖」が広がり、「諸支払いの決済のための固有な施設」すなわち取引所や銀行が発達してくる（Ⅰ151、一七九）。そして、いよいよ「信用貨幣」の登場である。

「信用貨幣は、支払い手段としての貨幣の機能から直接に発生するものであって、それは、売られた商品にたいする債務証書そのものが、さらに債権の移転のために流通することによって、発生するのである。」（Ⅰ153-4、一八二）

銀行が設立され、言葉通りの「預金」者から金を受け取ることによって発行された債務証書そのものが流通することによって、信用貨幣である銀行券へと発展するのである。この債務証書はまさに「売りのない買い」を表わしている。金銀＝貨幣が「買いのない売り」を表わしているのであるから、まさにその逆である。金銀＝貨幣が実の富、プラスの富を表わしているとすれば、信用貨幣＝銀行券は虚の富、マイナスの富を表わしているのである。マイナスの富が可能となるのは、銀行や政府に債務を負わしても大丈夫であるという社会的な信頼がそれを支えているからである。

「資本としての貨幣の流通は自己目的である。…それだから、資本の運動には限度がないのであ」（Ⅰ167、一九八）り、「資本家は貨幣を絶えず繰り返し流通に投げ込むことによって、それ（合理的な貨幣蓄蔵）をなしとげるのである」（Ⅰ168、二〇〇）から、実在の量が限定されている金銀＝貨幣ではそれをまかないきれないのである。このようにして、信用貨幣がすみずみまで普及し、支払手段としての貨幣は「支払手段の準備金」（Ⅰ156、一八五）という形で増大するのである。

Ⅳ

貨幣はどのようにして資本に転化するのか

1 「ここがロドス島だ、ここで跳べ！」は成功したのか

『資本論』で何がいちばん大切なコンセプトかと問われれば、やはり「資本の一般的定式G－W－G'」であろう。

「たとえば、一〇〇ポンド・スターリングで買われた綿花が、一〇〇プラス一〇ポンドすなわち一一〇ポンドで再び売られる。それゆえ、この過程の完全な姿はG－W－G'であって、ここではG'＝G＋⊿Gである。…この増加分⊿Gを私は剰余価値 surplus value と呼ぶ。…そして、この運動がこの価値を資本に転化させるのである。」（Ⅰ165、一九六）

ここにまとまった貨幣100がある。それを100＋10に増やしたいと思う人は、何か商品を買ってそれを売って＋10の剰余価値を獲得するのである。それがG（貨幣）－W（商品）－（G＋⊿G）すなわちG－W－G'である。これは「（より高く）売るために買う」ことであり、ふつう商人の活動として親しまれているものであるが、産業資本家も金融資本家もこれと同じ活動をするのであり、資本家はすべて本質的に商人なのである。

この活動が行われるのは商品市場であるが、もともとの商品交換はW－G－Wであった。商品a（た

とえばパン）の生産者はそれを売り貨幣Gを得て、それで今度は商品b（上着）を買って生活するのである。このWa—G—Wbは「（必要なものを）買うために売る」であり、われわれが日常経験している世界であり、これを単純商品市場と呼ぶ。

このなかから一定量の蓄蔵貨幣が生まれ、G−W−G'が立ちあがってくるのであるが、最後のGは最初のGと同じ質のものなので、量が増えるということにこそ意味がある。そして、またG'−W−G"と連なっていき永遠に続くのである。W−G−Wが1回でいちおう終わるのと比べて大きな違いがある。

19世紀に生きたマルクスは、彼の目前で大きく発展しようとしている産業資本の成り立ちの秘密を解明しないといけない、と考えた。商品流通のなかからではなく、生産工場のなかで貨幣が増殖され資本になっていくメカニズムをとらえないといけない、と思ったのである。というのも、彼の目前に広がっている商品流通はすでに資本制生産から供給された多量の商品が行き交っており、そこでは等価交換が行われている、と想定されたからである。

だから、マルクスにとって解決すべき難題は、等価交換が行われている単純商品市場というベースのなかから、どのように剰余価値が生み出されるのか、ということであった。そして、マルクスは思案の末に、商品市場で等価で買ってそれを消費すれば価値が増えるような何か特別の商品があるのではないか、という結論にたどり着いた。そして、それがすなわち「労働力という商品」であった。

「貨幣の資本への転化は、等価物どうしの交換が当然出発点とみなされる。いまのところまだ資本家の幼虫でしかない貨幣所持者は、商品をその価値どおりに買い、価値どおりに売り、しかも過程の終わりには、自分が投げ入れたよりも多くの価値を引き出さなければならない。彼の蝶への成長は、流通部面で行われなければならないし、また流通部面で行われてはならない。これが問題の条件である。ここがロドスだ、さあ跳んでみろ！」（Ⅰ181、二一八）

G－W－G'という資本増殖は、マルクスの時代の産業世界で現実のものになっている。ところが、その表面の商品市場はすでに等価交換の世界に成熟しているから、流通部面から剰余価値をとり出すことはできない。さあ困った、ここが正念場だ、「ここがロドスだ、さあ跳んでみろ！」。このように「跳んで」着地したところに「労働力という商品」を見出したのである。

「労働力が商品として市場に現われることができるのは、ただ、それ自身の所持者が、…労働力を自由に処分することができなければならない。」（Ⅰ182、二一九－二二〇）

近代の自由な人権をもった労働者が時間決めで自分の労働力を商品として売る、というものとしての「労働力という商品」なのである。それは同時に、小さな生産手段（農地やパン製造用具）さえもっていない人々が「ただ自分の肉体のうちにだけ存在する自分の労働力そのものを商品として売り出さなければならない」（Ｉ１８３、二二一）ということである。すなわち、生産手段から自由な人々が大量に生み出されたのである（これを本源的蓄積とマルクスは規定する）。そして、この独特な商品が工場の生産現場で資本家によって消費されることによって、価値が形成され増殖していくことが可能になるのである。いわゆる労働者の搾取が行なわれるのである。

2　「一般的定式」が矛盾してよいのだろうか

このようなマルクスの叙述は見事というほかない。「労働力という商品」の発見は、マルクスにとって『資本論』を仕上げるうえで必須の項目だったのである。しかし、マルクスは大きなミスを犯したのではないだろうか。というのは、以上の考察に「資本の一般的定式の矛盾」という節タイトルを掲げたのである。

これによって、ほとんどの読者は「資本の一般的定式Ｇ－Ｗ－Ｇ'」はそれほど重要ではないのだ、産業資本の成り立ちＧ－Ｗ…Ｐ（生産）…Ｗ'－Ｇ'こそが正しい定式であり、それを成り立たせる唯一のものが「労働力という商品」である、と理解することになる。また、商業資本や金融資本の利潤はすべて産業資本の剰余価値から分け前として取り出されるのだ、と理解したのである。マルクスもそのような論法で『資本論』を構成したので、金融資本がなぜ利子を要求できるのかという原理的な問題は不問に付された。こうして、資本の資本たるゆえんをとらえている「資本の一般的定式」の深い意味は、かえりみられることがなくなった。

マルクスは次のように「跳んでみろ！」というべきだったのである。

「われわれが目前にしている資本制の社会的生産は、その表面の流通では等価交換が行われている以上、そこから剰余価値は生まれない。しかし、深部の生産過程を経て再度流通にもどっていく過程で剰余価値が生み出されている。さて、この秘密をどう解けばよいのか。ここがロドスだ、さあ跳んでみろ！」

すなわち、資本制という独自の生産（深部）と等価交換の流通（表面）の間にずれがある、このずれをどう跳びこえればよいのか、「さあ、跳んでみろ」といえばよかったのである。何も大上段に振りかざして「一般的定式の矛盾」などということはなかった。『資本論』にとって何よりも大事なのは「資本の一般的定式」であり、マルクス自身も「資本の一般的定式の矛盾」節の直前に次のようにまとめていたのである。

「より高く売るために買うこと、G―W―G'は、たしかに、…商人資本だけに特有な形態のように見える。しかし、産業資本もまた、商品に転化し商品の販売によってより多くの貨幣に再転化する貨幣である。…最後に、利子生み資本では、流通G―W―G'は、短縮されて、媒介のないその結果として、G―G'として、それ自身よりも大きい価値として、現われる。」（Ⅰ170、二〇三）

「資本の一般的定式」は、商人資本にも産業資本にも利子生み資本にも適用される一般的な定式なのである。本来のマルクスはそれを正しく認識している。しかし、産業資本の秘密をドラマティックに描こうとするあまり、勇み足をしてしまったようである。

3　「前貸し」というキーワード
――「資本の一般的定式」を成り立たせるもの

「資本の一般的定式G―W―G'」が商人資本、産業資本、利子生み資本のすべてにおいて成立するとすれば、それを可能にするものは「労働力という商品」ではない。それでは何なのか。まさに『資本論』の真髄を理解するための胸突き八丁の地点に来たのである。マルクスはいう。

「私が100ポンド・スターリングで2000ポンドの綿花を買い、その2000ポンドの綿花を再び110ポンド・スターリングで売るとすれば、結局、私は100ポンド・スターリングを110ポンド・スターリングと、貨幣を貨幣と交換したわけである。」「その結果は、貨幣と貨幣との交換、G－G'である。」（I162、一九二－三）

G－W－G'とは、究極的に貨幣と貨幣の交換にほかならず、けっきょく貨幣をより多くの貨幣と交換することなのである。貨幣100が貨幣110になること、つまりG－（G＋⊿G）が、資本の一般的定式の真髄であり、それは多くの場合、商品Wを媒介として行われるということである。そして、このような貨幣の自己増殖を駆動する活動をマルクスは「前貸し」というのである。

「彼が貨幣を手放すのは、再びそれを手に入れるという底意があってのことにほかならない。それだから、貨幣はただ前貸しされるだけなのである。」（I163、一九四）

「それゆえ、この循環の起動的動機も規定的目的も交換価値そのものである。」（I164、一九五）

マルクスは「底意 der hinterlistigen Absicht」という言葉を使っているが、hinterlistig とは「策を弄する、陰険な」という意味である。そのような「もくろみ Absicht」をもって「ただ前貸しされるだけ nur vorgeschossen」なのが、資本に転化しようとする貨幣の動機なのである。

そして、大事なことは、この「循環の動機も目的も交換価値そのものである」ことである。剰余として得られる⊿Gは、抽象的人間労働としての価値の増殖の問題ではなく、「交換価値そのもの」の増加の問題としてとらえられている。

それでは「前貸し」とは何か。「前貸し vorschiessen」とは「前支払」と同じ意味である。マルクスは、支払手段の節で、後支払いの「反対の形態」、すなわち「貨幣が現実の購買手段として手放されて、商品の価格が、貨幣の使用価値が実現する前に、または商品が引き渡される前に実現されること」がありうることを示している。これは日常見られる「前払い Pränumeration」であり、「イギリス政府がインドの農民からアヘンを買う形態やロシアに定住する外国商人がロシアの国産品を大量に買う場合」に見られた。しかし、ここでは「貨幣は…購買手段の形態で作用するだけであり、…もちろん、資本は貨幣の形態でも前貸しされる（avanciert、前支払いされる）のであり、前貸しされた（vorgeschossne、前支払いされた）資本であるかもしれない。だが、この視点は単純流通の視野のなかにははいらない」（Ⅰ150、一七九、また『経済学批判』MEW13、117、一一九、（　）は引用者）のである。

『資本論』刊行の8年前の『経済学批判』（1859年）において、単純流通における「前払い」とそれにつなげられながら区別された「前貸しされた資本」が提示されているのである。この「前払い」と「前貸しされた資本」をつないで理解する方法はないものであろうか。さがしてみると『資本論』の一文にその手がかりがある。

「ある種の商品の利用、たとえば家屋の利用は、一定の期間を定めて売られる。その期限が過ぎてからはじめて買い手はその商品の使用価値を現実に受け取ったことになる。」（Ｉ１４９、一七六）

これを現代に引き寄せて考えてみると、家屋使用における月払いの家賃（あるいは住宅ローン）と住宅購入（一括事前支払）を比べることができる（土地は捨象する）。月払いの家賃（あるいはローン）は家屋の使用価値を月ごとにそのつど受け取ることができるが、一括購入はたとえば30年住んではじめてその金額に対応する家屋のすべての使用価値を受け取ることができる。これだけを見ると、家賃の方が合理的なのであるが、支払額に焦点を当てると大きな違いがある。事前の一括購入費は家賃や住宅ローンの30年間分よりかなり安いということである。住宅ローンと比べると利子分だけ安くなる。

このように、事前の一括払いは、家屋の想定外の欠陥発生や補修という「危険」が発生する可能性をもちつつも、ローンの利子に見合う大きな利益を生むということである。そして、この「前支払い」の論理が「資本は貨幣の形態でも前貸しされるのであり、前貸しされた資本であるかもしれない」という新しい「視野」のもとに置かれるとき、「前貸資本」をキーワードとして、資本の一般的定式の真の意味が理解されてくるのである。

「（G—W—G′の）G′は、最初に前貸しされた貨幣額・プラス・ある増加分に等しい。この増加分、または最初の価値を越える超過分を、私は剰余価値（surplus value）と呼ぶ。それゆえ、最初に前貸しされた価値は、流通のなかでただ自分を保存するだけではなく、そのなかで自分の価値量を変え、剰余価値をつけ加えるのであり、言い換えれば自分を価値増殖するのである。そして、この運動がこの価値を資本に転化させるのである。」（Ⅰ165、一九六）

「資本としての貨幣の流通は自己目的（貨幣自身の増殖）である」（Ⅰ167、一九八）から、前半のG—Wはあくまで後半のW—G′のための手段であって「売るために買う」のである。目的はG′にあるので、前半のG—Wは貨幣を資本として前貸し（前支払い）しているのである。

そもそも、「支払い」は「債務を決済する」ことであり、経済世界を支配する本質的な力である。その力は、貨幣を他人に貸付けることによって借り手の債務を決済することができ、その使用料としての利子をもたらすところに端的に発揮される。

こうして成立した資本は、もはや他人に貸し付けるだけでなく、自らが自らにおいて債務決済をするようになる。それが、あらゆる場面における「前貸し vor-schiessen」である。前貸しは前支払い vorschiessen と同じ語義であり、債務決済を自らが自らに対して事前に行うことによって、事後にリターン（利潤）を取る潜勢力を生みだし、保持し続け、最後に実際の利潤を手に入れる。これが資本の自己増殖の秘密なのである。

こうしてようやく「資本の一般的定式」の真の意味にたどりついた。自分を価値増殖させるために前貸しする貨幣こそが資本なのであり、その表現がG－W－G'という定式で表されているのである。

産業資本家は、資本をみずからにおいて自分に対して前貸しし、工場や原料や労働力を買い入れる。そして、新しい製品を作り商品として販売して、⊿Gという剰余価値を上積みして資本を回収するのである。このようにして、貨幣の「支払い」力を活用して資本は増殖していくのである。

4　無限に印刷できる銀行紙幣の登場

おカネの歴史は古い。羊や毛皮、米などの生活必需品が最初の貨幣となり、また古代ギリシャのアテネの広場（アゴラ）では鉄串が使われた。日本では7世紀に和同開珎が作られ、江戸時代には金貨と銀貨が使われていた。

こんにちわれわれが使っている貨幣は二種類ある。一つは硬貨（コイン）であり、アルミの1円貨、黄銅の５円貨、銅の10円貨、銅ニッケル合金の50円貨、１００円貨、５００円貨である。これは日本政府大蔵省の造幣局が発行する政府貨幣である。

政府発行の貨幣の歴史は古く、金、銀が使用されてきたが、改鋳が何度も行なわれて金や銀の含有率は次第に低くされ、そのたびに生じる貨幣発行利益（シニョリッジ）は政府の財政資金となった。「悪貨が良貨を駆逐」していき、中世マルタ島の貨幣には「銅よりも信頼」と刻印されていた。

これらの貨幣は、マルクスの「章標」という言葉によって理解が進む。

「貨幣は、一定の諸機能においてはそれ自身の単なる章標 Zeichen によって代理されることができるので、もう一つの誤り、貨幣は単なる章標であるという誤りが生じた。」（Ⅰ１０５、一二〇）

「紙券が、金に代わって鋳貨として機能することができる。…ここで問題にするのは、ただ、強制通用力のある国家紙幣だけである。これは直接に金属流通から生まれてくる。これに反して、信用貨幣は、単純な商品流通の立場からはまだまったくわれわれに知られていない諸関係を前提する。」（１４０-１、一六六）

政府貨幣は「金属流通」をベースとしている。明治の日本では国立銀行券が発行されたが、拾圓紙幣であればその分の「金貨と兌換します」と書いてある。紙幣は金貨の「章標」である。今日の１００円貨は銅にニッケルを加えた4・8gのコインであるが、製造原価は100円よりは安い。これも100円分の金属価値を表現する「章標」なのである。

もう一つは、政府貨幣とはまったく異なる「信用貨幣」つまり銀行券である。私たちが手にする千円、五千円、一万円の紙幣がそれであり、日本銀行が発行している。

マルクスは信用貨幣について次のように説明する。

「信用貨幣は、支払手段としての貨幣の機能から直接に発生するものであって、それは、売られた商品にたいする債務証書そのものが、さらに債権の移転のために流通することによって、発生するのである。」(Ⅰ153–4、一八二)

信用貨幣は、流通手段としての貨幣ではなく、「支払手段」として発生する。ここにもう一つの貨幣の成立の歴史があるのである。信用の世界は「手形」の登場から始まる。手形とは、支払約束の証書、つまり商品を買ったときに現金払いをせずに期日を限った支払を約束した債務証書であり、それが貨幣がわりに取引の世界を流通するのである。そして、この「手形は本来の信用貨幣すなわち銀行券などの基礎をなしている」(Ⅲ413、五〇二–三)。

銀行券の歴史をたどると、まず、金匠(金細工師)の貸金庫に安全のために預けられた金にたいして交付された預〈金〉証書から始まる。この預〈金〉証書じたいが金そのものに代わって流通し始めると、預け入れられた金はさらに担保力を発揮して、その何倍もの額の預〈金〉証書の発行を可能にし、銀行が誕生する。まさに「信用創造」が行われたのである。今日、われわれが預けている預金はその名残であり、銀行事業の基礎となっている。

銀行券は、このようにそもそもは銀行の債務（マイナス）証書であり、それが社会で債権として流通しているのである。銀行は自らが債務（マイナス）を担うことによって、銀行券というプラスの価値を生みだしたのである。銀行はまさに無から有、負から正を生み出したのであり、社会が銀行に信用というイわば「無償の贈り物」をしたのである。

今度は、一般市民が生活備蓄金（貯金）を銀行に預けるようになり、小さな資金が銀行に集まって一つの金融資本となり、企業や個人に貸し出される。市民が銀行に預金という形で前貸しし、銀行は企業などに前貸しし利子を得る。その利子の一部が預金者へ利息として回される。このような循環のなかで資本が利子を生む金融のサイクルが形成されるのである。まさに、債務を担うことができるという銀行の存在が、社会に貨幣を供給するのである。

ところで、1694年に創立されたイングランド銀行は「自分の貨幣を八％の利率で政府に貸し上げること」（Ⅰ783、九八五）によって、それと同額の貨幣を発行することができる権利を得た。つまり、国債を引き受けることによって法定銀行券を発行し、国家を後ろ盾とする盤石の信用を築いた。各国の中央銀行もこんにち国家と密接な関係をもちながら、一国の金融と財政を支えている。日本においても、今日の政府の経済政策（アベノミクス）と日銀の金融政策（国債大量買い入れ、マイナス金利）の深い結合が見られ、その影響の甚大さが問題となっているのである。

ともあれ、信用貨幣が銀行によっていくらでも印刷できるようになり、資本活動は金銀の量に限界づけられることなく、無限の増殖活動を行なえるインフラを整えたのである。

V

労働価値説は修正される必要がある

1 「価値がある」とはどういうことか

――使用価値、交換価値、価値の違いと関係

「価値」というものを定義することはたいへん難しい。生活物資の経済的な価値から芸術の美的な価値までその領域は広い。マルクスは経済的な価値を論じるのであるが、それを三つの概念で表わしている。

まず「使用価値」を規定する。「ある一つの物の有用性はその物を使用価値にする。」鉄や小麦やダイヤモンドなどという商品体そのものが使用価値なのである」（I 50、四八）と。我々は日常生活で衣食住の有用物を使うことによってはじめて生存できる。使用価値は人類の生活とともにあるポジティブな有用性を表現しているのである。

次に、「交換価値」をあげ、「ある一種類の使用価値が他の種類の使用価値と交換される量的関係、すなわち割合として現われる」（I 50、四九）という。この交換を等式で表わすと、たとえば10リットルの小麦＝1キログラムの鉄、となる。この10リットル小麦の交換価値がキログラムの鉄で表わされるのである、のちにそれは貨幣価格で表現されるものになる。

交換価値は、共同体を中心とした生活のなかでは出てこないものである。こんにちでも、家族のなかに交換価値は存在しない。たとえば、食事を取るときに、家族員が食事提供者におカネを支払うという

ことはない。家族員は役割分担をもちながら、財をシェアしているからである。それゆえ、交換価値は、人びとが私的所有者となり個々人がばらばらになる近代において、市場交換を通じて貨幣を媒介にして間接的にシェアしようとするとき、普及、成立したものである。

三つ目に「価値」を提起する。マルクスの独自の概念であり、資本の本質はまさに価値を生産し、剰余価値を生産するところにある、という。「価値を生む」ということは日常用語ではよいことであるが、はたして資本の世界では何を意味しているのだろうか。

マルクスは、10リットルの小麦＝1キログラムの鉄というように、二つの質の異なったものが等しい価値として交換されるのであれば、そこに「同じ大きさの一つの共通物が、二つの違った物のうちに、すなわちこれら小麦と鉄のなかに、存在する」（Ｉ51、五〇）と考え、その「第三のもの」が「価値」である、とする。

この「第三の」価値をどのように、いかなるものとして把握するかが難題なのである。

マルクスはそれを簡単に決めてしまう。まず、それは「ただ労働生産物という属性だけ」（Ｉ52、五二）のものである、と。そして、たたみかけるように次のようにいう。

「労働生産物の感覚的性状はすべて消し去られている。それはまた、もはや指物労働や建築労働や紡績労働やその他の一定の生産的労働の生産物でもない。労働生産物の有用性といっしょに、労働生産物に表わされている労働の有用性は消え去り、これらの労働はもはや互いに区別されることなく、すべてことごとく同じ人間労働に、抽象的人間労働に、還元されているのである。」（Ｉ52、五二）

たしかに、二つの異なる有用物、小麦と鉄が交換されるとき、有用性が違うのでその質を捨象・抽象して、その共通の量である「或る実質」（Ｉ51、五〇）を想定しないと説明がつかない。しかし、それは「共通な社会的実体の結晶」であるが「幻のような対象性のほかになにもない」（Ｉ52、五二）ものである。「実体の結晶ないし凝固物」でありながら、手に取ったり科学的に抽出することができないのである。

であるとするならば、この「第三の実体」が存在するかどうか、これはマルクスの価値論が資本の運動構造の全体を矛盾なく解明し終えたときにその存立が初めて論証されることになるであろう。本書は、しかしながら、先取り的にいえば、労働のみが価値を生むというマルクスの労働価値説ではそこに到達することができない、と考えている。労働だけでなく自然原材料、土地、機械も価値を生むという立論をすることによって初めて資本の運動構造が論理矛盾なく解明され、その結果としてそのような価値の実体が論証されることになる。そのような見通しのなかで、労働価値についての考察を続けよう。

マルクスは、小麦も鉄も「労働生産物」であるから、「同じ人間労働」がそこに共通に含まれていると考え、それを「抽象的人間労働」と規定するのである。

多くのマルクス研究者たちはこの「抽象的人間労働」という魅力的な規定に注目した。しかし、そのあまり、「労働生産物」が労働だけによって作られている、とするマルクスの主張に疑問を抱く人はほとんどいなかった。自然原材料や土地、機械は生産物にどのように入り込んでいるのか、最初に大きな問題になることであるにもかかわらず、である。

2　労働が「価値を生む」とはどういうことか
――「抽象的人間労働」という疎外された労働

そのことに留意した上で、「抽象的人間労働」とは何なのかを見てみよう。

「抽象的人間労働」は、「無差別な人間労働のただの凝固物」であり、それは「労働の量」として「労働の継続時間で計られ」（I 53、五二）る。この「無差別な人間労働」はやっかいな存在である。それは「共通な社会的実体の結晶」であるが「幻のような対象性のほかになにもない」（I 52、五二）ものである。「実体の結晶ないし凝固物」でありながら、手に取ったり科学的に抽出することができない。マルクスはなんとかわかりやすく説明しようとして、苦し紛れに「人間の脳や筋肉や神経や手などの生産的支出」（I 58–59、五九–六〇）、「生理学的意味での人間の労働力の支出」（I 61、六三）という生理学的な説明を持ち出しているが、もしこれが正しいとした場合でも、それは血液検査や呼気検査で把握できるようなものではない。「幻の対象性」はついてまわるのである。

ところで、マルクスの「抽象的人間労働 abstrakt menschliche Arbeit」の抽象的 abstrakt という語は、ドイツ語の形容詞であるが語尾が付されていない。使用価値を生産する「具体的有用労働 konkrete nützliche Arbeit」の具体的 konkrete には語尾 -e が付されているので、「具体的でかつ有用な」というポジティブな意味になる。それに対して abstrakt menschliche の abstrakt は語尾がないので副詞用法になり、形容詞 menschliche にかかって「抽象的に人間的な」という意味になり、「抽象的にのみ人間的な労働」あるいは「抽象的にしか人間的でない労働」というネガティブな意味あいをもつことになる。具体的な内容がない「無差別な人間労働のただの凝固物」という意味合いなのである。

若きマルクスの「疎外された労働」論は有名であり、「抽象的人間労働」は「疎外された労働」にあたるのであるが、疎外される前の本来の「人間的な労働」を鮮やかに示した一節がある。あまり引用されないので全文を掲げてみよう。

「われわれが人間として生産したと仮定しよう。そのときには、われわれは、いずれも、自分の生産において自分自身と相手とを、二重に肯定したことであろう。私は、

一、私の生産において私の個性を、その独自性を、対象化したことであろう。したがって私は、活動の最中には個人的な生命発現を楽しみ、そしてまた、対象物をながめては、私の人格性を対象的な、感性

的に直観できる、それゆえまったく明々白々な力として知るという、個人的な喜びを味わうことであろう。
二、私の生産物を君が享受したり使ったりするとき、私は直接に、つぎのような喜びをあじわうことであろう。すなわち、私は労働することによって人間的な欲望を充足し、したがって人間的な本質を対象化し、それゆえに、他の人間的な本質の欲望にそれを適合した対象物を供給した、と意識する喜びを、
三、君にとって私は、君と類とをとりもつ仲介者の役割を果たしており、したがって、君自身が私を、君自身の本質の補完物、君自身の不可欠の一部分として知りかつ感じてくれており、したがって、君の思考のなかでも愛のなかでも私を確証していることを知るという喜びを、
四、私は私の個人的な生命発展のなかで直接に君の生命発現をつくりだし、したがって、私の個人的な活動のなかで直接に私の真の本質を、私の人間的な本質を、私の共同的本質を、確証し実現したという喜びを、こうした喜びを私は直接に味わうことであろう。」（『ミル評注』、ＭＥＷ40、４６２、三八二―三、傍点はマルクス）

マルクスが理想とする労働観、人間観を表わしている一節である。とくに「人間的な」「個性」「独自性」が強調されており、マルクスの思いを強く伝えている。また、「直接に unmittelbar」が2回出てくるが、これは商品や貨幣というモノに媒介された mittelbar ものではなく、人間みずからが直接に「仲

介者」になることを意味している。

マルクスは、このような人間的な世界が普遍的に現われくる可能性を、自由・平等の人権が掲げられる近代社会において見出そうとする。しかし、現実の近代資本制は、「抽象的な私的所有の関係」が支配的となり、この人間性を内容のない抽象的な形で表現させる、ととらえているのである。

そこに、労働疎外が人間を襲う社会が立ち現われてくる。

「私的所有の前提のもとでは、私の労働は生命の外在化である。なぜなら、私が労働するのは生きるためであり、生活の手段を手に入れるためなのだから。ここでは私の労働は、生活ではない。

第二に、…私的所有の前提のもとでは、私の個性はとことんまで外在化されているために、この活動は私にとっては憎らしいもの、苦悩である。むしろそれは活動の仮象にすぎず、したがってまた、強制された活動にすぎない。…

私の労働は、現にそれがあるがままにしか、私の対象物のなかに現われえない。それは、その本質にもとるような姿でしか現象することはできない。だから私の労働は、私の自己喪失と無力さとの、対象的で感性的な、直観されたままの、それゆえまったく明々白々な表現として、現象するほかはないのである。」（同右、463、三八三―四、傍点はマルクス）

3　「消極財（ネガティブな財）」として「価値」を正しく理解する

マルクスの「価値」の概念がこのようにネガティブな内容をもったものであることがわかってきたが、これを理解しやすくするために、ドイツの社会哲学者G・ジンメルの「積極財」と「消極財」の考え方が参考になる。

「交換つまり犠牲提供の瞬間においては、交換によって獲得される対象（パン）の価値が手放される対象（宝石）の価値の限度をな」している。これは「一種の心理学的必然性」であり、「この結果この（パン）の価値を、それに対する犠牲（手放される宝石）が一個の消極財 negatives Gut であるのに対して、少なくともこれと同じ大きさの積極財 positives Gut とみなすに至るのである」。（ジンメル『貨幣の哲学』前掲書、68、五二）。

つまり、宝石をもっている人は食べるものに窮したのでパンを求めて、宝石を手放そうとしている。その人にとって、パンは積極財であり、宝石はその犠牲、代償として消極財である。

我々の日常生活において、ある物に「価値がある」という場合、二つの意味合いが込められている。すなわち、その物が非常に有用なものであるということと、その物を得るのに大変な苦労が必要であること、の二つである。そういう〈価値〉の二重性を考察したものである。たとえば、空気は人間が生きるために必須に大切な積極財であるが、それを入手するのに苦労がいらない、すなわち消極財としてゼロであるから、ここで考える経済的な価値をもたないのである。

一つのものの〈価値〉にはこの二つの「財」が重ね合わされて存在している。たとえば、リンネル（麻布）の生産者は、リンネルという布を積極財として生み出す代わりに、織布労働という労苦を消極財としてそれに込めている。上着生産者は、上着という衣服を積極財として生み出す代わりに、裁縫労働という労苦をそこに込めている。これが自給自足の世界で行われれば、積極財と消極財は生産者の個人の世界の中にあるだけなので、外に表わされて眼に見える形をとることがない。

それゆえ、ジンメルも二つの財が客観化されるのは、二人の生産者による交換を通してであるという。リンネル生産者（A）はリンネル（a）を作るけれどもこのリンネルが欲しいわけではなく、上着生産者（B）が作った上着（b）が欲しい。逆に、上着生産者（B）は自分が作った上着（b）を欲しているのではなくてリンネル（a）が欲しいのである。

両者がそれぞれのものを交換するときの条件は、積極財≧消極財、つまり自分が払った「代償」（消極財）と同等かそれ以上の「富」（積極財）を取得したい、ということである。すなわち、Aにおいては、積極財b（1着の上着）≧消極財a（20エレのリンネルの織布労働）であり、Bにおいては、消極財b（1着の上着の裁縫労働）≦積極財a（20エレのリンネル）である。そして、二つのものが両者の間でめでたく交換されれば、この二つの算式が同時に成り立ったことになる。その結果、「20エレのリンネル＝1着の上着」という積極財同士の交換等式が成り立つのであるが、そこに同時に、消極財a（20エレのリンネルの織布労働）＝消極財ｂ（１着の上着の裁縫労働）という等式も成立している。

これをマルクスにあてはめれば、この織布労働と裁縫労働は具体的な労働としては異質なのであるが、それがネガティブな価値において同質化・抽象化されて、「労苦」すなわち「抽象的人間労働」としてとらえられるようになる。このように、マルクスにおける「価値」は、生産者がプラスの使用価値を生み出す裏側で「代償」「犠牲」「疎外された労働」という消極財、つまり「労苦」が生じており、それを「価値」という概念で表現したものである。それゆえ、資本家が生産過程で生みだし最後には自分のポケットに入れる価値と剰余価値は、そこで働く労働者の「労苦」の結晶にほかならない。

だから、もしも働くことがその人の自己表現であり創造的なものであれば、仕事は制作の過程においては苦労はあるにして、その苦労を含めて楽しい仕事になるはずである。前項で引用した若きマルクスの本来の人間労働の叙述がそれを示している。このような労働が実現しているところでは「労苦」としての「価値」は消失し、資本も存在しえないのである。

4　機械も価値を生む

――無人工場ではだれが価値を生み出すのか

ロボット、情報技術（ＩＴ）、ビッグデータで進む工場の自動化・無人化

今、製造工場ではロボット、情報技術（ＩＴ）、ビッグデータの導入によって工場の自動化・無人化が急ピッチに進んでいる。たとえば、Om社のKs工場では、工場自動化コントローラーのプリント基板の製造を行っているが、生産の自動化とともに、生産工程に多くのセンサーを取りつけ、品質、生産、エネルギー、人の動きのデータを収集・解析し、稼働率管理、生産性向上、予防保全を進めている。また、月に４０００台のロボットを製造しているFn社は、その売れ筋である多関節ロボットの組立工程の90％自動化を達成している。まさにロボットでロボットを作るのである。

マルクスは、当時すでに機械で機械を作ることの先進性について、「機械の役立ちはますます自然力の役立ちに近くなる。ところが、機械による機械の生産は、機械の大きさや効果に比べて機械の価値を小さくするのである」（Ｉ４１１、五〇八）といっているのである。

ところで、Ｄ・ハーヴェイはマルクス派地理学者であり、近年『〈資本論〉入門』（D. Harvey, *A Companion to Marx's Capital*, 2010, 森山他訳『〈資本論〉入門』２０１１年）を著し、世界に多くの読者を持っている。ハーヴェイは『資本論』の「機械は剰余価値を生産する手段なのである」（Ｉ３９１、ａ

四八五）というところを読んで、「機械は価値の源泉ではないのに、剰余価値の源泉になりうるのだ！」ということを発見する。

「新しい機械のおかげで特別剰余価値を入手することができるならどういうことになるだろうか？　機械は価値の源泉ではないのに、個々の資本家にとって剰余価値の源泉になりうるのだ！　いったんこの機械が一般化すると、それは今度は資本家階級全体にとっての相対的剰余価値の源泉として現われるようになる。…このことは、機械は価値の源泉ではありえないが剰余価値の源泉となりうるという特殊な結果を生みだす。」（同右、１６９、二五七）

ここでは、機械が剰余価値を生みだすのなら価値を生み出さないわけがないではないか、と鋭く問うているが、ハーヴェイ自身はその問いを立てるだけで終わっていて、どのように解決するかは示していない。われわれは「機械は価値を生む」というテーマでこの問題の解決にかかわっていく。

「何乗もされた労働」と「機械充用上の内在的矛盾」

マルクスの時代は、まさに機械制大工場が普及する時代であり、労働者の代わりに機械が導入され、失業する労働者も増えていた。そんな労働者は機械が敵だと機械打ちこわしの運動（ラダイット）を展開した。

一方、新式機械を先進的に導入する企業は生産性を上げ、より単価の安い製品を市場に送り出して大きな剰余価値すなわち特別剰余価値を獲得していた。マルクスは、この剰余価値はどこからもたらされるのか、と問題を立て、苦闘した。労働だけが価値を生むという立場をとっているマルクスは、この剰余価値が「何乗もされた労働」からもたらされると説く。

「機械が最初にまばらに採用されるときには機械所有者の使用する労働を何乗もされた労働に転化させ、機械の生産物の社会的価値をその個別的価値よりも高くし、こうして資本家が一日の生産物のより小さい価値部分で労働力の日価値を補填することができるようにするからである。」（I428-9、五三〇-一）

「機械が最初にまばらに採用されるとき」というのは、先進的企業が新しい機械を他に先駆けて導入したとき、ということである。その企業は生産性を高め、製品単価（個別的価値）を下げることができるが、市場では元の価格（社会的価値）で高く売れる。そこで得られた剰余価値は大きなものになり、マルクスはそれを特別剰余価値と呼ぶのであるが、それを労働価値から説明しようとして思わぬ壁にぶちあたる。

「たとえば、24人の労働者からしぼり出すのと同じ量の剰余価値を2人の労働者からしぼり出すということは、不可能である。24人の労働者のそれぞれは12時間についてたった1時間の剰余労働しか提供しないとしても、合計すれば24時間の剰余労働を提供するが、2人の労働者では総労働が24時間しかならない。だから、剰余価値を生産するために機械を充用するということのうちには一つの内在的矛盾がある。」（Ⅰ429、五三一）

この範例では、24人の労働者が2人に減るというきわめて大きな合理化が行われている。今日の自動化・無人化と同様の革新的な変化である。新式機械導入後、2人の労働者で同じように剰余価値24時間分を生み出すたには、労働日は12時間だから、1人当たり必要労働0時間、剰余労働12時間となる。しかし、労働者が必要労働0時間すなわち賃金0で働くことはあり得ない。また剰余価値率も12時間／0時間＝∞となり、論理が破たんしてくる。マルクスは、この行き詰まりを「機械を充用するということのうちには一つの内在的矛盾がある」といい、解き難い問題があることを表明する。それは、労働だけが剰余価値を生むという考え方、すなわち労働価値説に問題があるということである。

マルクスは、しかしながら、この「内在的矛盾」に真正面から立ち向かうことはせず、この残された2人の労働者がそれぞれ12人分の労働をすることができたと想定するのである。すなわち「何乗もされた労働」というスーパーマン的労働を設定するのである。もちろん、このような労働論が不合理であることは明らかである。

「機械の生産性」はけっきょく「機械の剰余価値率」である

しかし、マルクスが常人でないのは、正しい考察に向けて自己刷新的に前進するところである。

「機械は、商品を安くするべきもの、労働日のうち労働者が自分自身のために必要とする部分を短縮して、彼が資本家に無償で与える別の部分を延長するべきものである。それは剰余価値を生産する手段なのである。」（Ⅰ391、四八五）

ここでは「機械は剰余価値を生産する手段である」と明確に規定している。そして、さらに「機械の生産性 Produktivität der Maschiene」という概念を提示するのである。

「機械の生産に必要な労働と機械によって省かれる労働との差、すなわち機械の生産性の程度は、……機械の労働費用、したがってまた機械によって生産物につけ加えられる価値部分が、労働者が自分の道具で労働対象につけ加えるであろう価値よりも小さいかぎり、なくならない。それゆえ、機械の生産性はその機械が人間の労働力にとって代わる程度によって計られるのである。」（Ⅰ412、五一〇）

ここでも「機械によって生産物につけ加えられる価値部分」というように、機械が価値を生むことを明言している。そして、その価値部分を「機械によって省かれる労働」といっている。まさに、労働に取って代わった分だけ価値を生むのである。

この後、次のような実例をあげている。

「旧式のブロックプリンティングすなわち更紗《さらさ》の手染めが機械捺染によって駆逐されたところでは、たった1台の機械が1人の男によって1時間で以前には200人の男がやったのと同じ量の四色更紗を捺染する。」（Ⅰ413、五一〇）

マルクスは「機械の生産性はその機械が人間の労働力にとって代わる程度によって計られる」としているから、この実例では、労働者200人－1人＝199人が生産する価値を機械が代わって生みだしていることになる。そして、なおかつこの機械への投資費用が199人分の賃金額よりも小さければ、そこに生じる「差」が追加的な剰余価値となるのである。（たとえば、最初は労働力200と機械50で300の価値の製品を生産したとすると剰余価値は50、後では労働力1と機械200で同じく300の価値の製品を生産したとすると、剰余価値は99に増加する。）

機械の生産性の向上は、これまで資本制工場で機械の導入による「人減らし合理化」として一貫して行われてきた。資本家は、新規導入する機械の費用を省かれる労働の賃金よりも小さくしながら、同等かそれ以上の生産力をあげ、そこに生まれる「差」を追加的な剰余価値として取得してきたのである。これは、「差」＝「機械によって省かれる労働」－「機械の生産に必要な労働（機械の価値）」、で表わされる。これは、「差」＝機械が（労働力にとって代わって）生産する価値－機械の生産に必要な価値、と同じである。

それゆえ、機械の生産性＝（機械が生産する価値－機械の価値）／機械の価値、と表わすことができる。これはどこかでみた式と似ている。そうである、「機械」を「労働力」に置きかえてみると、労働力の生産性＝（労働力が生産する価値－労働力の価値）／労働力の価値、となる。これはまさにマルクスのいう剰余価値率である。ということは、「機械の生産性」は「機械の剰余価値率」にほかならないのである。「機械の生産性」という概念は、まさに機械が価値と剰余価値を生むことを正確にとらえているのである。（上記のたとえばの事例では、剰余価値を案分比例で分ければ、最初は労働が生んだ剰余価値は50×200／250＝40、機械が生んだ剰余価値は50×50／250＝10、それゆえ機械の剰余価値率は10／50＝20％であり、後では労働が生んだ剰余価値は99×1／201＝0・5、機械が生んだ剰余価値は99×200／201＝98・5、機械の剰余価値率は98・5／200＝49％となる。）

マルクスはこのように労働価値説に固執しつつも、「機械充用上の内在的矛盾」を指摘し、「機械の生産性」を考察する寛容な知性を保持していたのである。

5 「特別剰余価値」と「相対的剰余価値」をどう理解するか

「特別剰余価値」の概念理解について

それでは、「機械は価値を生む」という観点から「相体的剰余価値」と「特別剰余価値」をどのように規定すればよいであろうか。

マルクスは相対的剰余価値について次のような総合的な視点を示している。

「機械が相対的剰余価値を生産するというのは、①ただ、機械が労働力を直接に減価させ、②また労働力の再生産に加わる諸商品を安くして労働力を間接に安くするからだけではなく、③機械が最初にまばらに採用されるときには機械所有者の使用する労働を何乗もされた労働に転化させ、機械の生産物の社会的価値をその個別的価値よりも高くし、こうして資本家が一日の生産物のより小さい価値部分で労働力の日価値を補填することができるようにするからである。」（Ⅰ428‐9、a五三〇‐一、①②③は引用者）

まず、①は、「労働力を直接に減価させ（entwerten）」ることである。これは、労働力の価値を安くすることではない。それは②で示される。ent- は「分離・奪取」を意味する前綴であるから、労働力の価値が奪われる、すなわち（新式機械の充用によって）労働力が不要になることを意味している。

②は、通説でポピュラーに使われている規定であるが、マルクスにとってこれは「間接に」規定する

ものでしかない。実際、マルクスはそれと反対の要素をあげている。機械制大工業の展開によって新産業が展開し労働者吸引力が強まり「労働の拡張を引き起こす」(Ⅰ469、五八二)ので賃金を上昇させる。また、商品の多様な供給のなかで「労働者の生活条件がもっと豊かになり、彼の生活上の諸要求がもっと大きくなるから」(Ⅰ552、六八六)、賃上げの運動が進んでいくことである。他方で、機械の導入によって排出された労働者は失業し「資本の命ずる法則に従わざるをえない可能な労働者人口を生み出す」(Ⅰ430、五三二)、すなわち相対的過剰人口のプールを形成するので、労働者のあいだに職の奪い合いを強め賃金を低くさせる。

このように、労働力の価値が下がったり上がったりするのは、多様な要素が関連しているので、「生活商品が安くなることによる労働力価値の低下」をもって相対的剰余価値の規定とすることはできない。

③は、「機械が最初にまばらに採用されるときに」生じる、ということは、一部の先進的な資本が新式機械を導入して剰余価値を増やすこと、すなわち特別剰余価値のことを意味している。その部分をさらに3点に分けてみよう。

「㋐機械所有者の使用する労働を何乗もされた労働に転化させ、㋑機械の生産物の社会的価値をその個別的価値よりも高くし、㋒こうして資本家が一日の生産物のより小さい価値部分で労働力の日価値を補填することができるようにするからである。」(Ⅰ428-9、五三〇-一、㋐㋑㋒は引用者)

すなわち、㋐は「何乗もされた労働」論であり、新式機械で働く労働者は一般の労働者の何倍、何十倍もの力を発揮するいわばスーパー労働者になる、という考え方である。これが不自然なのはだれにも明らかである。すでに見たようにこれは機械の生産性として考えるべきである。

㋑は、「機械の生産物の社会的価値をその個別価値より高くする」のは、マルクスの範例では、24人が働いて24時間分の剰余価値を生みだしていたのに対して、2人に減った生産過程は2時間分の剰余価値しか生み出さず、労働価値説をとるマルクスから見れば、その製品に込められた価値すなわち「個別価値」は低くなるのであるが、機械の新規充用によってこの2人の労働は12倍の剰余価値を生みだす「何乗もされた労働」に転化して、その部門の市場平均価格に相応した「社会的価値」で実現されることになる。そこに「社会的価値」＞「個別価値」の差額が特別剰余価値として生まれるのである、といっているのである。

㋒は、以上の当然の帰結として、「労働力に支払われる日価値」は小さいものですむということである。この考察において、㋐において、機械の価値生産力は「何乗もされた労働」に託されてはいるが、実質的に設定されていること、そして、㋑において、機械によって新たに形成された価値は社会的価値として実現されるということ、が確認されるのである。

「相対的剰余価値」の規定に始まったマルクスの考察は、けっきょく新式機械の生産性上昇が剰余価値を生みだし、それを「特別剰余価値」と規定することができる、という結論になるのである。

「相対的剰余価値」の概念理解について

それでは、当の相対的剰余価値はどのように規定されるのであろうか。

そのためには、新規導入された機械が社会全体に普及して特別剰余価値が消滅する段階で剰余価値はどのようになるか、を考えなければならない。その時点では、利潤率は平準化され最初の利潤率に戻ることになる。しかしなお、そこに相対的剰余価値が生まれていなければならない。ここも小さなロドス島である。

マルクスは「相対的剰余価値の概念」において「より小量の労働により大量の使用価値を生産する力を与えるような、労働過程における変化のことである」（Ⅰ333、四一四）として、この節の末尾で「商品を安くしないでも（すなわち前出②によらないでも）、どの程度まで達成できるものであるか、それは相対的剰余価値のいろいろな特殊な生産方法に現われるであろう。次にこの方法の考察に移ろう」（Ⅰ340、四二二）といって、「協業」から「機械と大工業」に至る膨大な考察を展開していったのである。それゆえ、相対的剰余価値は、機械と大工業による生産力の増大のなかで、労働時間の延長によらずに剰余価値の増大を達成する方法のことなのである。

産業資本の競争は特別剰余価値の獲得をめぐって熾烈に行なわれる。この競争に後れをとり、剰余価値を従来通りに実現できなければ淘汰されていく。たとえば10社あったなかで5社しか勝ち残れなかったとすると、残った5社は、利潤率が平準化され特別剰余価値が消滅したとしても、生産力の倍増と市場占拠率の増大を達成している。これによって剰余価値はそれに相応して量的に増大しているのである。

そういう意味で「大量の使用価値の生産」というマルクスの規定は的確なのである。機械の生産力の増大によって剰余価値の圧倒的な量的増大がもたらされるのである。そして、この量的増大は「機械の生産性」増大という質的モメントに媒介されて可能となる。すなわち特別剰余価値の獲得競争によって不断に駆動されて、相対的剰余価値が初めて生みだされるのである。このダイナミズムを認識していたマルクスは、相対的剰余価値の規定③つまり特別剰余価値を相対的剰余価値の最も重要なモメントとして位置づけたのであった。（岩崎信彦「機械による特別剰余価値と相対的剰余価値の生産」（基礎経済科学研究所『経済科学通信』№１４４、２０１７・12）

6　自然原料・燃料も価値を生む
――エントロピーという考え方

自然原料・燃料は価値を移転するだけ、というのは本当か
機械が価値を生むということであれば、自然原料や燃料もまた価値を生むのではないか、と考えるのも至極当然である。

マルクスは次のように考えている。自然原料や機械はそれを生産するときに必要とした労働がその価値の実体となっており、それは「死んだ労働」というべきものである。それが新しい生産過程に入ってもその「死んだ労働」は、製品にそのまま「移転」されるだけであって価値を新たに形成することはない、と説くのである。

マルクスは、しかしながら、綿花を原料にして綿糸が作られる過程を例示し、綿糸を生産する「生きている労働力」が原料の綿花に合体されることによって、綿花のなかにある「すでに対象化されて死んでいる過去の労働」を「自分自身を増殖する価値」に転化する、といっている。以下の引用には、正真のマルクスと迷えるマルクスとが顔を出す。

「資本家は…諸商品の死んでいる対象性に生きている労働力を合体させることによって、価値を、すなわちすでに対象化されて死んでいる過去の労働を、資本に、すなわち自分自身を増殖する価値に転化するのであり、胸に恋でも抱いているかのように、『働き』はじめる活気づけられた怪物に転化させるのである。」(Ⅰ209、二五五-六)

自然原材料と機械は、生きた人間労働と合体して「働きはじめる活気づけられた」生産状態に入っていく。これは正真のマルクスである。しかし、それは「怪物」のようなものであり、俄かには信じられない、という。これは迷えるマルクスである。マルクスは「働きはじめる活気づけられた」状態を製鉄の溶鉱炉のなかに見て次のようにいう。

「たとえば、石炭を燃料として消費するためには、それを酸素と化合させなければならないし、またそのためには石炭を固形からガス状に変えなければならない。…新たな化合が行われる前に、結合されて一つの固体となっている炭素分子の分離が、そして個々の原子への炭素分子そのものの分裂が、行われなければならない。」（Ⅱ１３２、一五九－一六〇）

これは高炉のなかで製鉄が行われるときの状態に他ならない。溶鉱炉に鉄鉱石と石炭（コークス）が入れられ、１０００度を越える熱風が送り込まれ燃焼が起こる。２０００度になった状態で石炭は「ガス状に変え」られ「結合されて一つの固体となっている炭素分子が分離」され、その炭素分子が鉄鉱石の酸化鉄の酸素分子と結合して、還元が行われる。こうして鉄鉱石から溶融した銑鉄が取りだされる。

この過程は、人間の労働によって支えられてはいるが、溶鉱炉のなかで自然の物理化学的変化が製鉄という生産をなしていることを述べている。鉄鉱石、石炭、酸素、また溶鉱炉という技術的装置が生産を行っているということであり、正真のマルクスの弁である。

しかし、マルクスは「働きはじめる活気づけられた怪物」といっているように、それは「怪物」なのである。というのも、彼にとって自然原材料や機械が価値を生まない「死んだ労働」であるから、それが「働きはじめる活気づけられ」たとするならば、それは死人が動き始めたような「怪物」だからである。

それゆえマルクスは、自然原材料や機械の「死んだ労働」はやはり死んだままに新しい製品に移っていく、すなわち価値形成はせずに「価値移転」だけすると説明しなければならないのである。しかし、それは当然ながら禅問答のようにわかりにくいものとなる。迷えるマルクスが顔を出すのである。

「およそ生産手段として消費されるものは、その使用価値であって、これらの消費によって労働は生産物を形成するのである。生産手段の価値は実際は消費されるのではなく、したがってまた再生産されることもできないのである。それは保存されるが、しかし、労働過程で価値そのものに操作が加えられるので保存されるのではなく、価値が最初そのうちに存在していた使用価値が消失するが、しかしただ別の使用価値となってのみ消失するので保存されるのである。」（Ｉ222、二七一）

要するに、原材料の使用価値は新しい製品の使用価値を形成していくが、その価値は古いままにこの新しい使用価値の生産に乗っかることによって新しい製品に移転・保存されるというのである。原材料の使用価値形成と価値形成はずれているのだ、と説明しているのである。

そもそもマルクスは、商品は使用価値と価値から成り立っている、と定義している。生産過程では労働力も自然原材料も機械も工場生産のスタートラインではすべて「死んだ価値」であるが、生産が始まるとそれぞれが使用価値の固有な力を発揮し、それが結合して新しい使用価値を形成し、それとともに価値をゼロからプラスに作っていく、ということになるはずである。これが正真のマルクスである。

ところが、新しい価値を形成するのは労働だけであるという立場を取るマルクスは、自然原材料や機械はその価値は単に古いままに「移転・保存する」という無理な論理になり、説明に難渋しているのである。

エントロピーという考え方

明らかになったことは、生産過程では原材料と機械装置と労働力が一体となって活動し、そこに物理的、化学的法則性が貫徹して新しい使用価値を生み、そこに新しい価値が形成され増殖する、ということである。

マルクスは高度に発展する生産過程を『資本論』の準備ノートで次のようにとらえている。

「労働者は、彼が産業過程に変換する自然過程を、自分と自分が思うままに操る非有機的自然とのあいだに手段として押し込むのである。労働者は、生産過程の主作用因であることをやめ、生産過程と並んで現われる。この変換のなかで、生産と富の大黒柱として現われるのは、人間自身が行う直接労働でもなく、彼が労働する時間でもなくて、彼自身の一般的生産力の取得、自然にたいする自然の支配、一言で言えば社会的個人の発展である。」（要綱②581、四八九‐四九〇）

ここには、マルクスの生産過程の基本理論が示されている。生産過程では自然原料、機械装置は一つの技術によって「産業過程に変換された自然過程」となり、労働力はそれに結合されて「一般的生産力」となるのである。そして、この「産業過程に変換された自然過程」が近代という歴史のなかで資本の所有となり、その指揮のもとに資本制生産が行われると、自然原料や機械や労働力が価値を生み増やして、資本が増殖するのである。

労働者の場合は〈痛苦〉労働としての「抽象的人間労働」が価値となって資本家の資本蓄積を可能にするのであった。自然は生き物ではないから労働者のように〈痛苦〉を感じることはないであろうが、マルクスが「労働する主体そのものが有機的身体であるばかりでなく、彼の労働の最初の客体的条件は、主体としての非有機的自然なのだ」（要綱②392‐3、一三九）といっているように、自然は「主体としての」性格をもつ広義の生命体であり、こんにちそれは生態系（エコロジー）と呼ばれている。

自然原料も資本制生産のもとでは同じように〈痛苦〉の状態に置かれると考えると、それは「環境に負荷がもたらされる」「生態系が破壊される」ということである。そして、この「環境負荷」を「エントロピーの増大」という概念でいち早く表わしたのが玉野井芳郎であった。

「さて、産業および生活上の廃棄物が環境に負荷をあたえるという問題は、その原理的解明のための接近として、エントロピー概念の使用を要請している。…エントロピーは物資の状態量をあらわす概念である。そしてこの熱力学第二法則によると、閉じたすべての巨視的な系は、その系を特徴づける秩序が常に失われるという下向きの方向でしか進行しない。」（玉野井芳郎『エコノミーとエコロジー』1978年、26頁）

すなわち、「秩序が失われる」状態を「エントロピーの増大」というのである。わかりやすくいえば、次のようである。

「鉄の生産工程をとってみると、…原料の鉄鉱石と燃料の石炭とがインプットとして投入されなければならない。…だが、ここでは鉄のほかに、二酸化炭素や排熱が一種のアウトプットとして産出されていることを見落としてはならない。これらはふつうは産出物として計上されないもので、それゆえネガのアウトプットと名づけられよう。」（同右、27頁）

この「ネガティブなアウトプット」をとらえるものが「エントロピー」である。「石炭という低エントロピー資源が高エントロピーの廃棄物となってあらわれている」のである（同右、27–29頁）。このエントロピー「廃棄物」が蓄積されると、温室効果ガスによる地球温暖化や廃熱によるヒートアイランドがもたらされ、生態系の破壊へと連なっていくのである。

この章の考察から、資本の剰余価値は、労働者の〈労苦〉と自然生態系の〈負荷〉〈破壊〉から汲みだされることが明らかになった。これら〈労苦〉〈負荷〉〈破壊〉はすべてネガティブな価値であり、ジンメルのいう「消極財」である。資本とは、けっきょく「消極財」の集積体であり、資本‐賃労働、資本‐自然のネガティブな関係を不断に再生産して資本の集積を増大させようとする存在である。

資本はもちろん新しい使用価値を作ることによってそれを行なうのであるから「偉大な文明化」（要綱②322、一八）をもたらす。しかし、少なくともそれと同等の「悲惨な文明化」をもたらすのである。貧困、格差対立、人間性喪失、生態系破壊、戦争という悲惨をもたらす「偉大な文明化」なのである。われわれは今、このことに大きな疑問を感じ始めている。「経済成長という呪い」、「持続可能な生き方」、「循環型社会を創る」などが広くいわれているのも、そのことを示している。

Ⅵ

「狂った形態」の資本が世界を席巻する

1　投機とマネーゲームという「狂った形態」を予見したマルクス

こんにちの実物経済と金融経済との関係について、水野和夫は、「現在、金融経済の規模は実物経済よりもはるかに膨らんでいて、『電子・金融空間』には余剰マネーがストック・ベースで１４０兆ドルあり、レバレッジを高めれば、この数倍、数十倍のマネーが『電子・金融空間』を徘徊するのです。対して、実物経済の規模は２０１３年で74・２兆ドル（ＩＭＦ推定）です」（水野『資本主義の終焉と歴史の危機』、２０１４年、45頁）と、金融マネーが途方もなく巨大になり、実物経済をのみ込みながら、まるで妖怪のように地上を徘徊している様を描いている（図６参照）。

マルクスは、驚くべきことに、実物経済を超えて金融マネーが膨らんでいくことをすでに的確に見通していた。

「資本家の取得する剰余生産物は蓄蔵されて可能的貨幣資本となり、絶対的に不生産的となって生産過程の外に横たわっている。それは資本主義的生産の死重 dead weight である。このような可能的貨幣資本を活用しようとする欲求は、信用制度や『有価証券』にその目標を見いだす。」（Ⅱ４９４、六一七）

産業資本が蓄積した資本は膨大となり、もはや工業生産は飽和状態に近づいて利潤が多く得られない

図６　金融経済と実物経済の比較

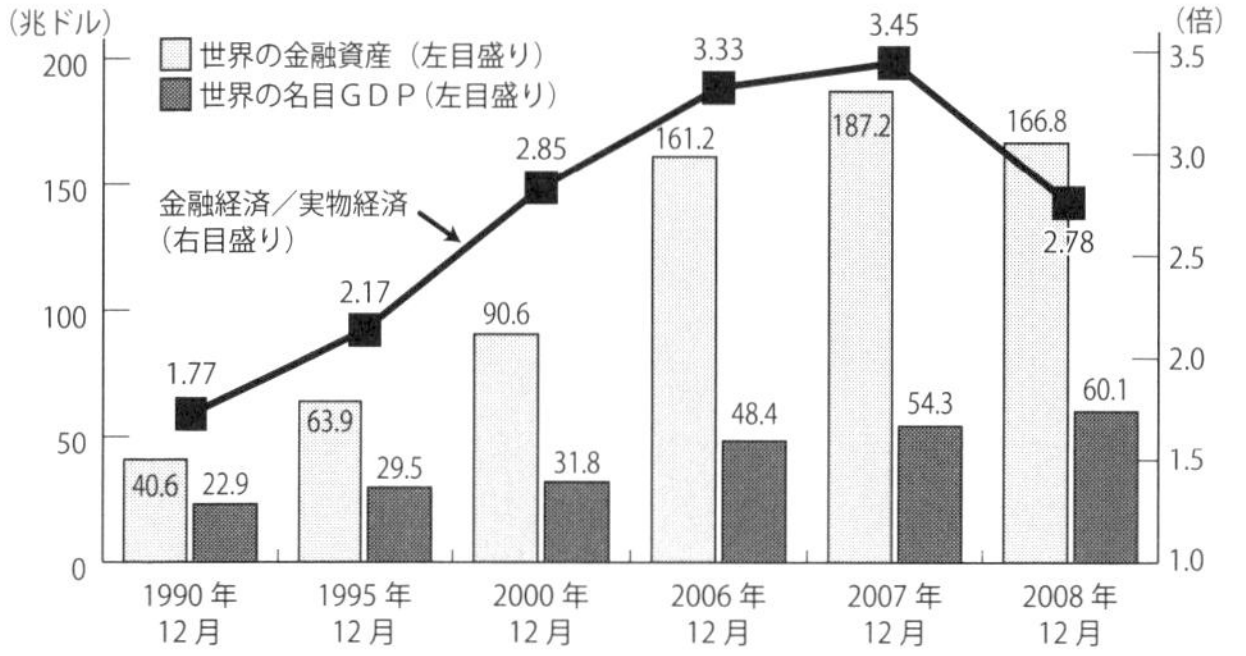

（注１）世界の金融資産＝世界の株式時価総額＋世界の債券発行残高＋世界の預金
（注２）世界の預金（マネーサプライ）は日米、ＥＵ、英国、カナダ、ANIEs、ASEAN、中国、インドの合計
出典：World Federation of Exchange、IFS、OECD、ADB、日銀、FRBECBの各資料をもとに三菱UFJ証券作成
引用：水野和夫『金融大崩壊』日本放送出版協会、2008年、39頁

ようになり、生産過程の外にあふれ出て「可能的貨幣資本」つまり使いように困る余剰の貨幣資本となった。それは不生産的な資本の滞留であり、資本制経済にとって「死重」（死体となって担ぐとずっしりと重いこと）となっている。「生産過程の外に横たわっている」死重である貨幣資本は膨大なものになる。資本家にとって利潤が出ない資本ほどやっかいなものはない。

　この可能的貨幣資本は、しかしながら、あくなき自己増殖の本性を発揮して信用制度や有価証券の世界に浸入してこれらにとりつき、投資金融と投機を花開かせるのである。それをマルクスは「狂った形態」であると看破したのである。

「国債という資本ではマイナスが資本として現われる。また、銀行業務においては債務が銀行業者の観念では商品として現われることができる。これは、すべての狂った形態の母である利子生み資本一般に源を発している。」（Ⅲ483、五九六）

国債は未来の税金を担保にした国家政府の借金証書であり、銀行券も銀行の発行する債務証書であり、これらは「マイナスや債務が資本となる」という「狂った形態」をとっている。そして、その「狂った形態」を生み出した「母」は利子生み資本である、と。

金銀＝貨幣という一般商品を軸にまわっていたプラスの富の世界は、工業生産力の増大と金融の膨張にたいして狭くなってしまい、債務というマイナスから生み出された信用貨幣が無尽蔵な「架空資本」の世界をかたちづくっていったのである。

２００８年のリーマンショックは、アメリカの住宅のサブプライムローンという質の悪いローン（債務）を金融商品（デリバティブ）に仕立て上げて大きな利益をもたらした後、バブル崩壊して金融恐慌となったものである。まさに、マイナスが資本となって世界を狂乱のバブルに導き、最後は破裂するという「狂った形態」であった。戦後を見ても金融恐慌は何度となく繰り返され、その都度多くの資本が破たんをする一方、数少ない資本が巨大なものになっていく。

2　資本はどのようにリスクに向き合うか

この「狂った形態」を推進していくスローガンの一つが「ハイリスク・ハイリターン」である。かつて、資本のある所、どこでもリスクがあった。日本の江戸時代、商人は藩にカネを貸す際のリスクを用心深く計算して用立てたであろうし、紀伊国屋文左衛門が江戸の大火の後、ただちに木曽から木材を江戸に海運して大きな儲けをえようとした時、海難のリスクが周到に織り込まれていた。

マルクスは、リスクをどのようにとらえていたであろうか。

資本のG－W－G'の増殖運動の後段、商品が貨幣へと再帰するW－G'を、マルクスは「商品の命懸けの飛躍」（Ｉ120、一四一）とみごとに表現する。そうであれば、その前段の貨幣が商品に身をやつす「前貸し」G－Wはいわば〝命懸けの飛び降り〟となるであろう。

「資本家は、すべての商品が、たとえそれがどんなにみすぼらしく見えようと、どんなにいやな匂いがしようとも、内心と真実においては貨幣であり、…より多くの貨幣にするための奇跡を行う手段である、ということを知っているのである」（Ｉ169、二〇二）

商品というのは、「この世の神」である貨幣から見れば、「みすぼらしく、いやな匂いがする」代物なのである。しかし、これに一度身をやつさなければ、G－W－G'という増殖つまり資本の自己実現はできない。そこに〝命懸けの飛び降り〟があるのである。「自分の貨幣100ポンドを流通の危険Gefahrにさらさない」（Ⅰ162、一九三）かぎり110ポンドを得ることはできないのである。たとえば、生産過程に飛び降りた資本は「たえず進行する資本の価値減退」に見舞われる。

「経済学者たちのあいだで利潤の規定においてある役割を演じているリスク[risk]とは、…資本が流通のさまざまな局面を通過して行かないという危険[Gefahr]である。…資本が総過程の諸変態のさいに冒す、減価の危険を補償するために、資本が自分自身に与える平均的保険[が生じる]。剰余利得の一部は、資本にとって、ただ、資本が金儲けのために冒すリスクRisikoにたいする補償としてだけ現われる。」（要綱②598、五一六－七）

「価値減価」という客観的におきる事実的な危険（Gefahr, danger）とそれにたいして資本家が対処して取る計算的なリスク（Risiko, risk）、つまり「資本が金儲けのために冒すリスクRisiko」をマルクスはみごとに使い分けている。自然災害や海難、不況による価値減退が生じる「危険danger」、他方、資本家は、資本の増殖の過程にこの危険をどのように織り込んでいくか、予見と計算的判断が強いられる。これが「リスクrisk」である。

その際に、資本は「資本が冒すリスク」にたいする「補償」をまた要求する、つまりリスクにたいする平均的なリターンを「保険・予備財源」（Ⅲ889、一一二七）として要求するのである。

じっさい、日本の大企業はこんにち苛烈なグローバルな競争のなかで、減益や倒産のリスクに備えて巨額の「保険・予備財源」を留保している。ある経済記事は次のように伝えている。

「企業が事業から得た利益のうち、配当や設備投資などに使わずに蓄えとして手元に残している『内部留保』が増加を続けている。全国3万社あまりの企業を調査する財務省の法人企業統計が9月1日に発表されたが、それによると2016年度末の『内部留保』は406兆2348億円と、初めて400兆円を超え、過去最高となった。…ちなみに2012年度末の利益剰余金は304兆4828億円だったので、4年で100兆円増加したことになる。」（日経ビジネスONLINE、磯山友幸、2017年9月8日）

リスクが一方では株主にたいする、他方では労働者にたいする口実となって、過大な内部留保を企業に正当化させており、リスク・テイクによるそのリターン（補償）は、資本にとって利潤・利子とともに剰余利得の二大柱となっているのである。

3 「架空資本」の世界と1%の金持ち

このように可能的貨幣資本は、産業資本自らあるいは金融機関を通して運用され、国債、社債、株式、為替、先物、金融派生商品などの「有価証券」あるいは「利子付証券」(Ⅲ481、五九四) に投資され、マネーゲームが展開する。また、これを通じて企業支配、企業買収が行われる(東芝がアメリカのウェスティングハウスを企業買収して手痛い失敗をした例もこれである)。

為替の売買についてロナルド・ドーアは次のようにいっている。「金融派生商品のなかには為替の変動に関連するものが多い。…一九七〇年頃、つまり為替の変動相場制への移行以後、どんどん拡大していった市場である。二〇〇七年四月の国際決済銀行の調査・推計では、毎日の『出来高』—為替売買の総額—は三・二兆ドルだった。世界貿易機関(WTO)の推計によると、毎日の貿易の総額は三二〇億ドルだった。つまり、実需一に対して、空需一〇〇ということになる」(ドーア『金融が乗っ取る世界経済』2011年、15頁)、と。

このような空需を成り立たせているのが、「日本銀行券は、実は国家債務が置き換わった化身なのである」(青木秀和『「お金」崩壊』2008年、146頁) というように、国家と銀行の二人三脚による「架空資本」の生産である。

「国は借り入れた資本にたいしていくらかの額の利子を年々自分の債権者に支払わなければならない。この場合には債権者は、自分の債務者に解約を通告することはできず、ただ債権を…売ることができるだけである。資本そのものは国によって食い尽くされ、支出されている。それはもはや存在しない。…所有者Aはこの債務証書を通例一〇〇ポンドでBに売ることができる。…しかし、すべてこれらの場合には、国による支払がその子（利子）とみなされる資本は、やはり幻想であり、架空資本である。」（Ⅲ482-3、五九五）

「国が借り入れた資本はすでに国によって食い尽くされている」というところが眼目である。しかし、国債という債券は、返済期間を通じて利子を受け取り、またその利子率で逆算された貨幣価格をもち「架空資本」として売買されるのである。

このような「架空資本」を社会全体に普及させているもう一つの機関が銀行である。

「そのうえに、この架空な銀行業者資本の大部分は、…銀行業者のもとに預金している公衆の資本を表わしていることが加わる。…これらの預金は、現実にはつねに一方では産業資本家や商人の手にある。…他方では有価証券取引業者の手に、または自分の有価証券を売った個人の手に、または政府の手に（国庫証券や新規借り入れの場合）ある。預金そのものは、一方では、利子生み資本として貸し出されており、したがって銀行のなかにあるのではなく、ただ銀行の帳簿の上で預金者の貸方として現われているだけである。他方では、預金者たちの相互の貸しが彼らの預金引き当ての小切手によって相殺され互いに消去されるかぎりでは、預金はこのような単なる帳簿金額として機能する。」（Ⅲ488、六〇一―二）

銀行業者のもとには、「多くの公衆」の資本が「預金」として集められ、かれらの「私的資本」として利用される。さまざまな「有価証券」を直接ないし間接に売買して利益をあげていく。そして、その結果、銀行を中心とする一つの「金融階級」が登場し、資本主義を制圧するのである。

「この連中（銀行業者）は、資本と収入とをいつでも貨幣形態で、または貨幣にたいする直接的請求権の形で、もっている。この階級の財産の蓄積は、現実の蓄積とは非常に違った方法で行なわれることもありうるが、しかし、とにかく、この階級が現実の蓄積のかなりの部分を取りこんでしまうということを示している。」（Ⅲ495、六一一―二）

今日、「1％の金持ち」といわれる人びとが収入と富を独占していっている。ピケティの『21世紀の資本』では、さまざまな国でさまざまな時代に実際にあった収入（「労働所得」）と富（「資本所有」）の分配を概算値で低格差から超高格差まで表示している。（表3―1、3―2）（T. Piketty, *Capital in the Twenty-First*

表 3-1　時間空間的に見た労働所得格差

総労働所得に占める各グループの比率	低格差（≈1970-80 年代、スカンジナビア）	中格差（≈2010 年、ヨーロッパ）	高格差（≈2010 年、米国）	超高格差（≈2030 年、米国?）
トップ 10%（「上流階級」）	20%	25%	35%	45%
うちトップ 1%（「支配階級」）	5%	7%	12%	17%
うち残り 9%（「富裕階級」）	15%	18%	23%	28%
中間 40%（「中流階級」）	45%	45%	40%	35%
底辺 50%（「下流階級」）	35%	30%	25%	20%
対応するジニ係数（合成格差指数）	0.19	0.26	0.36	0.46

（注）労働所得格差が比較的低い社会（1970 年代、1980 年代のスカンジナビア諸国など）では、もっとも所得の多い上位 10%が総労働所得の 20%を稼ぎ、下位 50%が約 35%、駐韓の 40%が約 45%を稼いでいる。これに対応するジニ係数（格差を示す総合指標で値は 0 から 1）は 0.19。オンラインの専門補遺を参照。

表 3-2　時間空間的に見た資本所有格差

総資本に占める各グループの比率	低格差（前代未聞、理想社会?）	中格差（≈1970-80年代、スカンジナビア）	中高格差（≈2010年、ヨーロッパ）	高格差（≈2010年、米国）	超高格差（≈1910年、ヨーロッパ）
トップ10%（「上流階級」）	30%	50%	60%	70%	90%
うちトップ1%（「支配階級」）	10%	20%	25%	35%	50%
うち残り9%（「富裕階級」）	20%	30%	35%	35%	40%
中間40%（「中流階級」）	45%	40%	35%	25%	5%
底辺50%（「下流階級」）	25%	10%	5%	5%	5%
対応するジニ係数（合成格差指数）	0.33	0.58	0.67	0.73	0.85

（注）資本所有に「中程度」の格差がある社会では、最も富裕な 10%が国富の 50%を所有し、下位 50%は約 10%、中間の 40%は約 40%を所有する。

Century, 2014, 247-8、トマ・ピケティ、山形浩生他訳『21世紀の資本』２０１４年、二五七―八頁）

２０１０年という現代において、「トップ10％」はヨーロッパで収入の25％、資本所有の60％、アメリカ合衆国で収入の35％、資本所有の70％を占有している。それに比して、「底辺50％」はヨーロッパで収入の30％、資本所有の5％、アメリカで収入の25％、資本所有の5％しか占めていない。そして、この格差構造の中心にいるのが「トップ1%」である。ヨーロッパで収入の7%、資本所有の25%、アメリカで収入の12%、資本所有の35%である。とくに世界の金融帝国アメリカで資本所有35%を占める「トップ1%」は、「狂った形態」の尖端をなす人びとである。

米経済誌『フォーブス』の2018年版の世界長者番付によれば、保有資産1位は米アマゾンのCEOジェフ・ベゾス氏1120億ドル（約11兆7600億円）、2位はマイクロソフト創業者ビル・ゲイツ氏900億ドル、3位は米投資家のウォーレン・バケット氏840億ドルであった。資産が10億ドル（約1050億円）を超える「ビリオネア」は2208人と過去最多で前年より165人増えた。（各新聞、2018年3月7日夕刊）

4 マネーゲームの「幻想」が蔓延し破裂する

このようにして、〈投機資本主義（マネーゲーム）〉が蔓延していく。そして、マネーゲームの「思惑取引」はバブルとなり「破裂する」のである。

「じっさい、問題はただ手形の貨幣への転換の可能性だけなのである。しかし、これらの手形の多くは現実の売買を表わしているのであって、この売買が社会的な必要をはるかに越えて膨張することが結局は全恐慌の基礎となっているのである。しかしまた、それと並んで、これらの手形の大きな量がただの思惑取引を表わしていて、それが今では明るみに出てきて破裂する。」（Ⅲ507、六二七）

いま、世界で「破裂」しているのは、有価証券の「思惑取引」のバブルである。「この投機が労働に代わって資本所有の本来の獲得方法として現われ」（Ⅲ495、六一一）、ありとあらゆる金融派生商品をつくりだしては売買していくのである。

「貨幣市場の逼迫の時期にはこのような有価証券は二重に下がるであろう。……嵐が去ってしまえば、これらの証券は、失敗した企業や山師企業を代表するものでないかぎり、再びもとの高さに上がるのである。恐慌中に起きるこれらの証券の減価は、貨幣財産の集中のための強力な手段として作用する。……これらの証券の減価または増価が、これらの証券が表わしている現実資本の価値運動にかかわりのないものであるかぎり、一国の富の大きさは、減価または増価の前もあともまったく同じである。」（Ⅲ485－6、五九九、傍線は引用者）

マルクスは、投機資本のやり口をみごとに見抜いている。恐慌で生じる「証券の減価は貨幣財産の集中のための強力な手段」であり、投機資本は減価した証券を買い集め蓄積することによって大きくなるのである。

今日、恐慌や「危機」が投機資本によってシリーズ的に演出され、証券価格の上下変動が人為的に操作され、その差額から投機資本が莫大な利益を得ているが、そのことをマルクスは鋭く察知していたのである。

この叙述でさらに興味深いのは、現実の富との関係である。証券の価格が上がったり下がったりしても、「一国の富の大きさはまったく同じ」であるというように、その売買取引がマネーゲームであることをよく伝えている。しかし、同時に、二つの「…かぎり」(引用者による傍線)という限定によって、投機資本と現実資本の関連をよく示している。すなわち、投機資本が「企業を代表し」たり、「現実資本の運動にかかわり」をもてば、それは現実資本の価値を大きく変動させるのである。

今日、投機資本は、ブラジル危機、アジア危機などを演出して一国の経済を破綻に追い込み、あるいは、M&Bで企業丸ごとを売買取引の商品とし、さらに、アメリカの住宅サブプライムローンを仕立てて金融派生商品を作り最後は住宅所有者を破産に追い込むなど、現実資本に大きく介入しながら、「有価証券」の価格差を増大させ、そこから利益を得ているのである。

マルクスは、これを「債務の蓄積さえも資本の蓄積として現われる」という簡潔明瞭な言葉で要約し、そして、それは「信用制度のもとで起きる歪曲」であり、その「歪曲の完成」は「国債という資本の蓄積」にある、といっている。

「国債という資本の蓄積が意味するものは、すでに明らかにしたように、租税額のうちからある金額を先取りする権利を与えられた国家の債権者という一階級の増大以外のなにものでもない。このような、債務の蓄積さえも資本の蓄積として現われることがありうるという事実には、信用制度のもとで起きる歪曲の完成が現われている。」（Ⅲ493-4、六〇九）

「国家の債権者という一階級」の中枢をなす金融階級（「トップ1％」）は、国家さえも資本蓄積の材料として消尽していくのである。その結果もたらされるカタストロフィーは、今日、アメリカやヨーロッパや日本で生じている「国家債務危機」である。これこそは資本主義を最高に発展させた信用制度の「歪曲の完成」なのである。

VII

未来を展望するマルクス

1　「大失業」時代から「パンとサーカス」の時代へ?!

近未来の日本を襲うのは「大失業」であろう。

大企業は、ロボットやIT、AIの導入で人減らし合理化をますます強めていく。グローバル化のなかで賃金が低く規制も弱い新興国や途上国との競争に勝たなければならないからである。企業自身も低賃金のそれらの国に工場を展開し、国内の産業は空洞化していく。多くの人が失業者や非正規労働者となり、「大失業」時代が到来するのである。

イギリス『エコノミスト』編集部もいっている。「自動運転車やトラックによって、先進国ではあっという間に何千万人もの雇用が消えるかもしれない。優れたAIシステムによって、さらに数千万人が職を失うかもしれない。影響はカスタマーサービスや事務作業から始まって、やがて教育、医療、金融、会計部門の専門職にも広がっていくだろう。」（英『エコノミスト』編集部、土方奈美訳『2050年の技術』2017年、90頁）

大企業はそのようななかでも確実に利益を上げ、国家も資本の後ろ盾となってアベノミクスのような「新自由主義」路線をひた走る。多くの失業者、非正規労働者は不満の声を上げ、日頃はいかなかった選挙にも行って野党勢力に投票するようなことになりかねない。そうなれば、支配層は政権を失う危険があり、それだけは避けなければならない。

同じようなことが、2000年前に古代ローマで起こっていた。「パンとサーカス」の時代である。都市国家だったローマは周辺諸国を征服し広大な大帝国を建設していった。その結果、安い農産物がローマに流入し、独立自営の農民だったローマ市民は没落し、無産市民となった。帝国の支配層は奴隷を使う大土地所有者であり、没落した市民が政治的要求をもって投票権を行使し政権が打倒されることを恐れた。そんな市民にパン（食糧）を与え、サーカス（見世物娯楽）を提供して、政治的無関心のままに抑え込んだのである。（E・ギボン著、中倉玄喜訳『新訳ローマ帝国衰亡史』2000年、347〜351頁）

これは、時を越えて、近未来の日本に再現されるかもしれない。海外からあがる富で国内の貧困な市民に食糧など最低限の生活手段を与え、スポーツや格闘など競技観覧の熱狂の世界に誘導する、という手法である。現代では、オリンピックや万博の誘致という大イベントがその目玉になっている。食糧など生活手段の提供は、現在は生活保護費がそれに該当するが、平成7年（1995年）に被保護者数88万人（保護率0・7％）が平成26年（2014年）には216万人（1・7％）へと急増している。

民主派の陣営では、基礎収入（ベーシック・インカム）論を提起しこれに対抗している。すなわち、すべての市民に最低限の収入を保障し、収入をあげる法人や個人から税金をとって財源に充てるという仕組みである。仕事への選択も自由度が増し、余暇時間も増大してアートやスポーツなどの趣味や創造活動を生かすことができるようになる。今日の失業者や非正規労働者にとっては生活の破たんと不安を免れることができ、正規労働者にとっては働きすぎを是正し自由時間の増大にむすびつくありがたい施策となるであろう。
いずれにしろ国家財政をどう編成していくかが問題であるが、それが実現すれば「パンとサーカス」になるのか「基礎収入と自由時間増大」になるのか、表裏一体の状況が訪れることになるだろう。

2 「自己目的として認められる人間の力」＝真の自由

「必然の領域」と「自由の領域」

マルクスは、それでは、資本制を乗り越えたむこうにどのような社会を見ていたのであろうか。『資本論』のなかにそれほど多くの叙述があるわけではないが、彼の未来社会観を示した決定的な一文がある。少し長いがそれを読み解いていこう。

「①自由の領域 das Reich der Freiheit は、窮乏や外的な合目的性に迫られて労働するということがなくなったときに、はじめて始まるのである。つまりそれは、当然のこととして、本来の物質的生産の領域のかなたにあるのである。②未開人は、自分の欲求を充たすために、自分の生活を維持し再生産するために、自然と格闘しなければならないが、同じように文明人もそうしなければならないのであり、しかもどんな社会形態のなかでも、考えられるかぎりのどんな生産様式のもとでも、そうしなければならないのである。③彼の発展につれて、この自然必然性の領域 das Reich der Naturnotwendigkeit は拡大される。というのは、欲求が拡大されるからである。しかしまた同時に、その欲求を充たす生産力も拡大される。自由はこの領域のなかでは、ただ次のことにありうるだけである。すなわち、社会化された人間、結合された生産者たちが、盲目的な力によって支配されるように自分たちと自然との物質代謝によって支配されることをやめて、この物質代謝を合理的に規制し自分たちの共同的統制のもとに置くということ、つまり、力の最小の消費によって、自分たちの人間性に最もふさわしく最も適合した条件のもとでこの物質代謝を行なうということである。しかし、これはやはりまだ必然性の領域である。④この世界のかなたで、自己目的として認められる人間の力の発展が、真の自由の領域が始まるのであるが、しかし、それはただかの必然性の領域をその基礎としてその上にのみ花を開くことができるのである。労働日の短縮こそは根本条件である。」（Ⅲ828、一〇五一、丸数字は引用者）

ここには、自然必然の領域から自由の領域への発展が3段階に分けて論じられている。

第1段階（②）は、人間が生きていくのに不断に窮乏に脅かされる段階である。未開人から現代のわれわれまでここに入る。

第2段階（③）は、欲望に応じたいろいろなものが作られ、窮乏の生活から脱していく段階である。

ところが、それにともなって欲望も並行して拡大していくので、生産をさらに拡張しなければならない。それゆえ、新たな自然必然の領域にとらわれる。そこにはまだ第1段階と同じ「盲目的な力」が働いているので、それを克服しなければならない、すなわち「力の最小の消費によって、自分たちの人間性に最もふさわしく最も適合した条件のもとでこの物質代謝を行な」わなければならない段階である。それでもこの段階はまだ自然必然の領域なのである。

第3段階（①④）は、真の自由の領域であり、そこでは「自己目的として認められる人間の力の発展」という花が開く。社会の成員すべてが、みずからの欲望充足にわずらわされることなく、自分という人間の可能性と力を創造的に開花させる段階なのである。

このような3段階論に照らせば、われわれは第2段階に来ている。資本の自由な利潤追求を規制する労働者保護法制、独占禁止法、公害規制法、リサイクル法など多くの立法を通じて、資本制経済の合理的な規制を進めてきた。しかし、われわれはみずからの欲望拡大に翻弄され、資本のさらなる成長経済を許容し、そのもとで過重労働の負担にあえいでいる。

このような現代人の宿命を突破する道はあるのだろうか。その一つがマルクスによって示されている「豊かな個人性」の概念である。マルクスは、次に見る「個人的所有」という概念とともに「個人」という概念を大事にしている。

「資本は、富の一般的形態を飽くことなく追い求める努力として、その自然的必要性の限界以上に労働を駆りたて、このようにして豊かな個人性［Individualität］を伸ばすための物質的諸要素をつくりだすのである。豊かな個人性は、その消費においても生産においてもひとしく全面的であり、したがってまたそれの行なう労働が、もはや労働として現われることはなく、活動［Thätigkeit］それ自体の十全な展開として現われる…」（要綱①２４１、三九八）

資本は労働者を酷使して富を生みだしているが、意図しない結果として次の時代の人びとが「豊かな個人性」を開花させる条件をつくりだすのである。今日の若者たちは古い時代の大人よりもその能力、感性、行動力において多彩で豊かである。今、多くの青年がこの資本制の社会のなかにあって、自然食レストランやケーキやパン作り、有機農業や再生エネルギー利用の仕事を始めているのは、この「個人性」の開花への萌芽である。そこには、痛苦でまみれた労働 labor はもはやない。「活動それ自体の十全な展開」が、すなわち「仕事 work」が現われ出ているのである。ライフワーク life work はあってもライフレーバー life labor というような陰鬱な言葉はない。ヘレンケラーを主人公にした映画「奇跡の人 miracle worker」はまさに「奇跡を働く人」である。それはヘレンその人であるのか、あるいは神なのか。work というのはそれほど大事な言葉である。

マルクスはこの同じ文脈で未来を指示す言葉として「個人的所有」を提起する。

「資本制的私有は、自分の労働にもとづく個人的な私有の第一の否定である。しかし、資本制的生産は一つの自然過程の必然性をもって、それ自身の否定を生み出す。それは否定の否定である。この否定は、私有を再建しはしないが、しかし、資本制時代の成果、すなわち協業と土地と生産手段の共同占有とを基礎とする個人的所有をつくりだすのである。」（Ⅰ791、九九五）

ここでマルクスのいう「個人的」というのは、〝自分（たち）の労働にもとづく自分（たち）の自己実現〟を意味している。そして、それは歴史を貫いて存在している。

「個人的所有」の世界

資本主義が始まる前には、「個人的な私有」があった。「農民は自分が耕す畑の、手工業者は彼が老練な腕で使いこなす用具の、自由な私有者であ」った。典型的にはイギリスの独立自営農民（ヨーマン）がいた。また、江戸期の「日本の模範的な農業」（Ⅰ154-5、一八三）は、年貢を納めるという条件はまぬかれなかったが、小さいといえども自分の土地と労働用具をもち、村という協力体制のなかで働く比較的自由な農民であった。

これらの「小経営」は、奴隷制や農奴制という歴史のなかから、「労働者自身の自由な個性の発展のために必要な一つの条件」（Ⅰ789、九九三）をつくりだしてきた。しかし、近代の歴史は、資本の本源的蓄積を「容赦しない野蛮さで」進め、あらゆる小経営の「個人的で分散的な生産手段」を収奪し、「自由な」賃労働者になるように追い立てていったのである。

資本制的な私有は、それゆえ、個人的な私有を否定したところの、「社会的に集積された生産手段」（Ⅰ789、九九四）の所有であり、「多くの労働者を搾取する」（Ⅰ790、九九四）少数者の所有形態である。

しかしながら、この資本制的な私有によって制圧されない多くの自営業、中小企業が生き延びている。そして、これらの個人的所有は新たに再建されるべきものとして現われるのである。

協同組合の世界

マルクスは、〝自分（たち）の労働にもとづく自分（たち）の所有〟である「個人的所有」を単に「小経営」においてではなく、諸個人の協同組合的な「大経営」においてとらえようとする。

「このような、資本主義的生産の最高の発展の結果こそは、資本が生産者たちの所有に、といってももはや個々別々の生産者たちの私有としてではなく、結合された生産者である彼らの所有としての、直接的社会所有（unmittelbares Gesellschaftseigentum）としての所有に、再転化するための必然的な通過点なのである。それは、他面では、これまではまだ資本所有と結びついている再生産過程上のいっさ

いの機能が結合生産者たちの単なる機能に、社会的機能に、転化するための通過点なのである。」（Ⅲ453、五五七）

「結合された生産者」による生産手段の「直接的（市場と貨幣に媒介されない）社会所有」は、個人的所有の工場内・会社内における実現であり、協同組合を示している。

「労働者たち自身の協同組合工場は、古い形態のなかでではあるが、古い形態の最初の突破である。…資本と労働の対立はこの協同組合工場のなかでは廃止されている。…資本主義的株式企業も、協同組合工場と同じに、資本主義的生産様式から結合生産様式への過渡形態をみなしてよいのであって、ただ、対立が、一方では消極的に、他方では積極的に廃止されているだけである。」（Ⅲ456、五六一−二）

日本にあっては、協同組合工場の一つの発展した姿は、たとえば北海道十勝の士幌農協に見られる。明治31年に開拓が始まり、昭和6年に前身「士幌村産業組合」が設立され、馬鈴薯の澱粉工場を立ち上げるなどの知恵と努力で農業と農村工業を前進させた。昭和23年に農協として設立され、畑作（馬鈴薯・小麦・てん菜・豆類）と畜産（酪農・肉牛）を中心に堆肥や緑肥といった有機肥料を使いながら輪作体系を維持し、各種加工工場や土壌診断センター、寒地バイテク研究所を運営している。このような歴史ある協同組合活動によって、士幌町の農家の離農率は他地域に比して低く抑えられている。

また、生活協同組合は今日「全ての生協数は約600、組合員数は2820万人」であり、日本の各地に展開している。たとえばみやぎ生活協同組合は東日本大震災で貴重な支援活動を展開した。「1. 可能な限り店舗は店頭での営業を継続、2. 共同購入での「お見舞＝安否確認」活動、3. 行政からの要請に応じ当日から緊急物資の確保・提供、4. 共済の「異常災害見舞金」給付活動、5. 灯油の配達、県内10万世帯へ、6. 生協の施設に避難者を受け入れ（食事など提供）、7. 組合員による自主的支援活動（炊き出しなど）」である。まさに地域のライフラインとしての活動である。

みやぎ生協組合員の県内世帯比率は73・8％で全国一という。これに加えて連携の力が発揮された。すなわち、⑴日本生協連の支援、全国の生協から延べ3000人の応援、⑵取引先の支援、⑶行政との連携、であった。「生協役職員の想い」には、「人として何をなすべきか」、「着のみ着のままの人には商品を無料で配布」、「組合員さんは未曾有の大災害のなかでもなお生協を信じてくれた」、「自分が大きく変った」などがある。（みやぎ生協五十嵐桂樹講演資料より）このように地域社会に根を張っている生協は、貴重な地域アソシエーションである。

フーリエのユートピア

フーリエは、資本主義批判の鋭さと人間性の回復にたいするラディカルな希求によって、マルクスとエンゲルスによって「ユートピア社会主義者」の一人とされている。たしかに、資本主義のありようについての批判の舌鋒は鋭い。

「投機は買占めの兄弟である。この両者は世論を隷従せしめた結果、主権者たちまでも屈服させ、……それは諸国を一寄生階層の恣意に委ねる。所有者でも製造者でもなく、自分の財布以外のものには執着をもたず、毎日のように職を変えることも辞さないこの階層は、各地方を解体させ、各産業部門を次々に壊滅させることを関心事としている」（シャルル・フーリエ、巌谷國士訳『四運動の理論』新装版、2002年、下94‐96頁）と。

フーリエは、「文明不統一」に代えて「組合秩序」を構想する。「文明不統一の後に来ようとしている組合秩序は、中庸であれ、平等であれ、哲学者たちの見解に類するものは何ひとつ容れない。それは熱烈で精妙な情念を欲する。組合が結成されるや、情念はいっそう活発になり数をまし、それだけいっそう宥和しやすくなる」（同右、26頁）のである。そのような「組合秩序」をフーリエは「累進セクトまたは集団系列」とよび、「ファランジュ（これは一カントンを耕作する組合に与える名称である）」という生活集団の創設を提案するのである。フーリエは、制御や画一や平等をもたらす理性を退け、自由と競争と多様をもたらす「情念引力」を社会構成の原動力に位置づける。「私の発見した最初の学問、それは情念引力の理論であった。累進セクトが性別、年齢別、階級の別を問わず人の情念に充分な発展を保証するものであること、またこの新秩序においてはこの人の情念の増すほどに多くの活力と財力が得られるだろう…」（同右、29–30頁）と。

「組合秩序」と「情念引力」というあい異なるベクトルをもつものをダイナミックに組み合わせようとするところにフーリエのユートピア論の面白さがある。たとえば、演劇にかかわって次のようにいう。「約千人の成員をもつカントンでは、子供のころから各人の性向を伸ばし育んだ場合、必然的にあらゆる種類の名優がこの数だけ見出されることになる。…子供は教育と偏見の圧政から解放されて、ひとりでに自然の定めた仕事へと赴くようになり、そして競争心さえあれば進歩するのである。子供を卓抜な俳優に仕立てるために用うべき方策はただ一つ、彼らの一団を隣のカントンへつれてゆき、好敵手たちの演ずる劇を見せて対抗心を起こさせることである。誰がオペラ劇場の費用をもつのかと心配する必要もない。それは一つずつしか建てなくても、次々に合わせれば優に三百万という数にのぼる。…劇場ひとつ建設するのに、彼らは石屋、大工、技師、画家といったあらゆるセクトをもっているではないか？しかも建設材料の購入を補うような産物が何かと手に入るではないか？」（同右、259–260頁）と。

これはある意味で自前の「パンとサーカス」である。支配者がお仕着せに与えてくるものではなく、自分たちで共同の生活基盤を作り、その上に集団的に、あるいは個人的に演じ合う創造的な営みがあふれ出るのである。

フーリエは、さらに恋愛論に展開し、近代の単婚様式が情念を抑圧し「個我主義」を導くものであるから、「唯物的享楽」をもたらす官能愛と「精神的享楽」をもたらす心情愛を「楕円の二つの焦点」とするように恋愛を発展させなければならない、という。そのような脈絡で「多婚や全婚」をさえ提案するのである（石川洋二『科学から空想へ』2009年、165-175頁）。われわれは、「多婚や全婚」の是非を論じる条件をもっていないが、同性愛者や性同一性障害者の結婚の自由を提唱する段階にすでに来ている。

マルクスのいう「自己目的として認められる人間の力の発展」は、「合理的な規制」といった知性の基礎の上に花開くものであるから、知性以上のものである。そういう意味で、フーリエの「情念引力」を奇抜で偏ったユートピア論として片づけるわけにはいかないのである。

3　原罪的な債務（「負い目」）からの解放

われわれは、真の自由すなわち「自己目的として認められる人間の力の発展」を求めるとき、もう一つの問題をのりこえなければならない。

それは、すでに考察してきたように、この資本制社会が「債務」と「支払い」、「貸付」と「利子」、「前貸し」と「利潤」のダイナミズムを原動力とする、人間拘束的なネガティブな価値世界であるということである。これをポジティブなものに転換しなければポスト資本制の新しい社会はやって来ない。その新しい社会の原理をどのように形成していくかという課題である。

一つのアプローチは、「自由貨幣」論である。

貨幣は、何とでも交換できること、すなわち「交換万能性」をもち、これを蓄蔵すると「利子」を要求し自己増殖を本性とする資本へと転化する。それゆえ、「交換万能性」をもちながらも、資本へと転化しないような貨幣を構想しなければならない。すなわち貨幣の「分岐点」を人間性開花の方向へと進む貨幣である。その一つの方法として提起されたのがシルビオ・ゲゼルの「減価する貨幣」＝「自由貨幣」である。

米や魚や衣服などの商品が腐りあるいは古びていくのにたいして、貨幣は腐りもせず古びもせず、何物とも化合することもない。このような金の消極的な性格が、それだけ貨幣素材としては積極的な長所となり、「優越的な地位」をもつことになるのである（Silvio Gesell, *Die natürliche Wirtschaftsordnung durch Freiland und Freigeld*, 4 Auflage,1920,140. シルビオ・ゲゼル著、相田愼一訳『自由地と自由貨幣による自然的経済秩序』２００７年、二五四）。

それゆえ、この特権を取り去る必要がある。「商品が倉庫で被るのと同じ減価損失を貨幣にも被らせるべきである。そうすれば、貨幣はもはや商品に対して優越的な地位に立つこともなくなる」（同右8、三三）という。これがゲゼルの「減価する貨幣」つまり「自由貨幣」の主張である。「自由貨幣は、交換手段と貯蓄手段の伝統的な結合を徹底的に破壊するものである。したがって、自由貨幣は貨幣所有者の意志から解放された純粋な交換手段となるとともに、体化された需要になるのである」（同右、201、三四六）。そして、商品の減価率は「低く見積もっても年間五％前後である」（同右、8、三二）から、年間5％の減価が行われるように貨幣をつくるべきだというのである。

この自由貨幣は「地域通貨」ともいわれ、実際に1932年にオーストリアの小さな町ヴェルグルで実現した。「町長自身が地域の貯蓄銀行から額面で三万二〇〇〇オーストリア・シリングを借り入れ、それを裏づけとしてそれに相当する補完通貨を発行しました。それは『ヴェルグル労働証明書』と呼ばれ、一、五、一〇シリングの三種類の紙幣が存在し、使用料として毎月初めに、額面の一％にあたるスタンプを購入して添付しなければ、使用できなくなる貨幣でした。」（坂本龍一・河邑厚徳編著『エンデの警鐘』2002年、244頁）これによって法貨の不足による町の不況を脱出していったのであるが、国家の貨幣大権を侵害されることを危惧する政府はこれを禁止した。

「自由貨幣」は手元に置いていれば減価していくので、早めに実物商品と交換するようになり、貨幣の流通速度は高まる。インフレのように貨幣量が増加し貨幣価値が下がるのではなく、貨幣量は増えずに貨幣価値は逆に増価する。年金などとして蓄積される貨幣は、そのままもっていれば減価するので、生産工場や社会的インフラに投資され、毎年の減価償却費として現金を受け取って年金にあてるようにすることが有意義な方法となる。自由貨幣はこのように実物経済を促進する役割を果たす。

地域通貨はこのほかいろいろなタイプがあるが、互酬的交換をめざす経済的メディアとなって、「競争的かつ協力的なコミュニティ市場」を形成する。それゆえに、「市場（交換と競争）」と「コミュニティ（互酬と協力）」という二つの相容れない原理をいわば「乳化」させて統合する機能をもっている。このようなコミュニティ市場においては、資本主義経済に比べて、「利己的な主体に対する利他的な主体の割合や自己のなかでの利他性の利己性に対する割合が相対的に上昇するものと期待される。その結果として、…非資本主義的市場経済が生まれる可能性は高まるであろう。地域通貨は、このように資本主義市場経済がそうした方向へ転換し、進化していくための環境づくりを進めるためのツールなのである」（森野栄一「貨幣減価の着想と補完通貨」西部忠編『地域通貨』2013年、第3章）。

使用価値の復権

ここで「コミュニティ市場」という言葉で提起されているものは、使用価値が中心となって運営される経済世界である。われわれはすでに「交換価値の絶対的定在」としての貨幣を分水嶺として資本に転化するかそれ以前の単純な交換にとどまるかに分かれると述べた。もちろん、歴史の自然必然の流れで単純な交換にとどまることはできなかったのであるが、今日、それを意識的に追求することによって使用価値を中心とした経済世界の創設と制御はできるのかどうか、というテーマに直面している。振り返ってみれば、ソ連邦の社会主義も使用価値中心の経済を建設したのであるが、それを国家という政治権力を使って遂行したのである。そこではけっきょく官僚制の肥大化と民主主義の抑圧が支配的となり、瓦解していったのである。

そうであれば、純然とした経済システムで使用価値中心の経済世界を構成できないか、ということが問題となる。イタリアの経済学者ピエロ・スラッファの「商品による商品の生産」という一つの提案がある（Piero Sraffa, *Production of Commodities by Means of Commodities: Prelude to a Critique of Economic Theory*, 1960、菱山泉・山下博訳『商品による商品の生産』、１９６２年）。

スラッファは、「基礎的産業」つまり生産財生産の部門を設定し、期毎の産業生産物がふたたび適正な比率のもとで各産業の生産手段と労働としてもどっていくシステムを構想する。そのシステムのもとでは、各産業はその再生産を合理的に続けていくことができる。現実の産業体系からこの「所望の割合をもつ縮尺体系」（同右、19、三二）を一義的に取り出す連立方程式が可能であるとし、それを「標準体系」と名づける。

その「標準体系」のもとで生産される総生産物の組成は一定のものとなるが、それは合成商品としてとらえられ「標準商品」と名づけられる。それゆえ、その「標準商品」の部分たとえば百万分の一を基礎単位とすれば、その単位数で商品の価格が表現されることになる。このようにして、「物的ターム」つまり使用価値で計算可能な経済体系が成立するのである。そして、その期の再生産を越える生産物は「物的剰余」を形成し、「国民所得」となる。すなわち、この「物的剰余」が労働者たちの受け取る消費財をもたらすことになる。

各生産単位（会社、協同組合）を包括して「物的ターム」を全社会的に構成することは、今日、ビッグデータとスーパーコンピュータをベースにＡＩで制御ソフト（連立方程式を解いたもの）を運用すれば、可能となるのではないか。ちょうどコンビニの全店が一つのコンピュータでつながれて、商品の出荷と販売が一元的に行なわれていることの全体社会版である。

また、「物的剰余」を「標準商品」単位の分配として、生産に携わる者や被扶助市民がどのように分配するかは、社会の民主的討議と決定で行なわれるであろう。このようにすれば、資本が介在しない、そして国家統制を除去した経済体系が設立されるのである。

「生の債務」と返礼強制

さて、もう一つの問題は「物的ターム」ではなくいわば「精神的ターム」の問題である。これまでの歴史において人は「生の債務」を負い続けてきた。すなわち個人を超越するものからの生の贈与に対して生をもって返礼しなければならない、というように社会から返礼強制を受けているという問題である。そして、そのメカニズムの中心に貨幣と資本が位置づいていることである。

結論を先取りしていえば、この贈与（前貸し）に対する返礼（利子）強制という社会原理の克服なしにはポスト資本制の新しい社会は構想されえないのである。返礼強制を含む贈与は真の贈与ではない。贈与は贈与それ自体で終わるものであって、けっして返礼を求めない。真実の神がいるとすれば贈与はそのようなものであり、それが愛ともいわれるものである。

アグリエッタらは『貨幣主権論』において、「貨幣は主権に対する債務から派生する」(39頁)という。それゆえ、主権とは、歴史の深みにおける本源的な力、宇宙的な力から発しており、それが人間に生を与え、社会総体に永続性を与えるのである。人間はこの主権にたいして「生の債務」を負うことになり、「生命の自己維持を可能にする力の贈与は、その代償として、賦与された生命力を—生涯を通じて—生産するという義務を生者に対して課す。返済は不断になされるが、一連の返済によっても原初的な債務が完済されることはない。このような返済の連鎖が、生者の労働および日常の中で、特に供犠・儀礼・献納を通じて、主権を構築し共同体を打ち固めていくのである」(Mアグリエッタ+A・オルレアン編、坂口明義監訳『貨幣主権論』2012年、39–40頁)。

「生の債務」は、主権的な力である神々に「供犠《いけにえ》」として捧げられる。そして、人や動物のいけにえの代替物として貨幣が生じた。「幣」は神への捧げものを意味している。すなわち、貨幣の原初的な契機は「生の債務」にたいする返済としての供犠であり、そこには神々と人間の垂直的な価値のヒエラルキーが存在しており、このように「人は生まれた時からずっと諸債務の束であり、死の神ミトラ(Mitra)から預かり物すなわち特別な債務として生命を受け取るのだとされる」(同右、147頁)。このような社会事象を「金融的現象」つまり「買い戻しおよび支払いの現象」(同右、146頁)としてとらえかえす。

そして、アルカイック社会から近代へと変転するなかで、「驚くべき転倒」が起こる。すなわち「天上の生における個々の魂の救済が、地上の生の限界内で物との関係において提示されることになった」（同右、318頁）のである。「生の債務」があの世とこの世との関係から、近代においてはこの世の内部での関係へと移転されていき、債務の決済手段としての貨幣を創造することによって、「殺害をもって生の永続的な保護手段となす」という供犠のパラドックスを解消可能なものとしていった。

そしてさらに、全体性にたいして個人の債務が形成されていた本源的な状態から、徴税権をもった国家が人民主権の手に握られることにより、個別的な生の資本の私有者の集合体を社会が保護すべきであるという状態に、つまり社会が人々にたいして債務を形成する状態へと逆転していったのである（同右、386−8頁）。

すでに貨幣化の進展と賃金生活者の拡大のなかで、産業資本主義は力強く発展し、一人ひとりの生の資本は、経済世界の中での商品的形態をとりながら価値増殖することができるようになっていった。全体から個人への主権の源泉の移転はまさに民主主義を実現するものであり、人民の投票によって国家はその正統性を構築しなければならず、「世俗化されてもなお社会の全体を代表しようとする主権は、今や市民に対して債務を負わされており、自らが市民の債務者であることを認める場合にのみ正統的である」（同右、399頁）ことになった。

このようにして、資本と領土国家という二つのメタ社会関係が確立し、近代貨幣を媒体とする「経済なるものと政治なるものとの同盟（alliance）」（同右、399）が形成されるのである。

難解な考察であるが、要するに「人は生まれた時からずっと諸債務の束であり、死の神ミトラ（Mitra）から特別な債務として生命を受け取る」といういわば原罪的な債務が、近代社会では「地上の生の限界内で物との関係において提示されることになった」とされる。生の資本は、経済世界の中での商品的形態をとりながら価値増殖する資本へと展開しているのである。

他方、国家は「自らが市民の債務者であることを認める場合にのみ正統的である」（同右、三九九）という「民主主義」の名のもとに、資本と国家が「市民に対して債務を負う」同盟を結び、その債務担保の力で国家社会を経済的かつ政治的に支配しているのである。

この強固な資本制国家をのりこえようとするならば、「人は諸債務の束であ」るといういわば原罪的な債務の思想を克服しなければならない。一方向的な債務強制は歪んだ「天上」の思想である。真の天上の神の思想はただ贈与と分ちあい（シェア）があるだけであろう。

そして、マルクスはこの思想を平明な言葉で表わしている。それが「能力に応じて働き、必要に応じて受け取る」である。この円環的な贈与と分ちあいの思想はコミュニズムの原理とされているが、まさしく原罪的な債務強制をのりこえているがゆえに、コミュニズムの原理たりえているのである。

4　人間と自然、都市と農村の共生こそマルクスの悲願

低エントロピー生産力の発展

今、ロボットや情報技術（ＩＴ）、そして人工知能（ＡＩ）など技術革新は新しい波を迎えている。英『エコノミスト』編集部の『２０５０年の技術』はいう。

「未来の太陽電池は、まずは小型電子機器や窓に貼るフィルムに、その後はカーテンや衣服などの布地にも使われるようになる。…太陽光と風力発電の欠点は間欠的であることだが、これは蓄電技術の進歩で補える。中でも、リチウムイオン電池やフロー電池の改良・普及が有望だ。…主にアメリカ、ヨーロッパ、ロシア、日本にある老朽化した２００基近い原子炉は、これからの20～30年で廃炉になる。一方、核分裂ではなく、核融合を使う、まったく別種の原子力発電が可能になるかもしれない。核融合では、高濃度の放射能廃棄物や原子炉メルトダウンの脅威なしに、安全に無限の電力を供給できる可能性をもっている。…」（２０８‐９頁）

「…製造業の大量生産の現場では、３Ｄ印刷が欠かせないツールになる。２０１６年にはその市場規模は67億ドルだったが、２０４０年には１兆１３００億ドルへ成長する。大きなものでは住宅を含む建造物、小さなものではナノ材料と、非常に幅広い製品が３Ｄプリンターで印刷されるようになる。…製品のカスタマイズ化が容易になり、単純作業のほとんどが自動化されるなかで、海外流出した製造業の多くは国内回帰する。」（同右２２４‐５頁）

マルクスは有名な「生産力と生産関係の矛盾」という命題を提起して次のようにいう。

「社会の物質的生産諸力は、その発展のある段階で、それらがそれまでその内部で運動してきた既存の生産諸関係と…矛盾するようになる。」(『経済学批判 序言』、MEW13、9、六)

今日発展している生産力は、どのような意味で資本制的生産関係と矛盾するようになるのだろうか。本書での考察を踏まえると次のような点があげられる。

一つは、自動化、無人化による省力化技術が大量の失業者を生みだし、生産した商品を買う人が少なくなり、資本制経済が立ち行かなくなる。

二つは、引き続く成長経済で資源の浪費が続き、排出物による温暖化や生態系破壊が進み、地球と人類の存続が危うくなっていく。

三つは、資本制社会を支えてきたヒエラルキー的機構が、ITやAIの発展によって水平的、民主的なコミュニケーションによって置き換えられてきており、これまでの企業の官僚制的な統治システムに機能不全が生じている。

これらの点に留意しながら、マルクスはどのように未来の生産力を構想していたかを見てみよう。マルクスはまず「自然力」を非常に重視しながら機械について語る。

「機械としては労働手段は、人力のかわりに自然力を利用し、経験的熟練のかわりに自然科学の意識的適用に頼ることを必然的にするような物質的存在様式を受け取る。」（Ⅰ407、五〇三）

「機械そのものに含まれている労働が少なければ少ないほど、機械が生産物につけ加える価値は少ない。価値を引き渡すことが少なければ少ないほど、ますます機械は生産的であり、機械の役立ちはますます自然力の役立ちに近くなる。ところが、機械による機械の生産は、機械の大きさや効果に比べて機械の価値を小さくするのである。」（Ⅰ411、五〇八）

「機械の価値は小さく」なればなるほど「生産的であり」、その役立ちは大きく、効果的になる。そして、「機械による機械の生産」はそれを可能にしていく。機械においては「自然科学の意識的適用」が行われ、自然法則すなわち「エネルギーおよび物質の不滅の法則」と「熱力学第二法則（エントロピー法則）」にかなうことが要請される。

玉野井芳郎は、ジョージェスク＝レーゲンのエントロピー概念に最も早く注目した研究者の一人であったが、マルクスに対する深い理解をもっていた。その著書『エコロジーとエコノミー』において次のようにいう。「経済学はこれまで、市場経済または商品経済を中心に、生産と消費の関連を再生産または経済循環のシステムとして分析し説明してきた。こうしたスミス以降の全経済学の歴史のうえで、ひとりマルクスだけは物質代謝 Stoffwechsel ということばを用いて、生産と消費の関連を人間と自然と

のあいだの物質代謝の基礎上にとらえようとした。」(42頁)

我々は、機械が生産する「価値」を「エントロピー(自然界の汚れ)」として理解した。「価値(=エントロピー)を引き渡すことが少なければ少ないほど、機械は生産的である」という規定は、まさに機械と技術そのものの生産力の「低エントロピー」性という本質を示している。それゆえ、マルクスは、機械のそれ自体としての利用と機械の資本主義的利用を峻別している。

「一方の表現では、結合された全体労働者が支配的な主体として現われ、機械的自動体系が客体として現われる。他方の表現では、自動装置そのものが主体であり、労働者はただ意識のある器官として自動装置の意識のない器官と並列させられ、この器官といっしょに中心的動力に従属させられているだけである。第一の表現は、大規模の機械の充用が可能なかぎりそのどれにでもあてはまるものであり、第二の表現は、機械の資本主義的充用を、したがって現代の工場制度を特徴づけている。」(I442、五四八)

第一の表現では、労働者が主人公であり、機械は客体である。機械が一つの「自然力」であれば、労働者は、土地という自然力を相手にして生産している農民と同じ位置にある。しかし、第二の表現では、機械=自動装置が資本の力として独り立ちし、労働者は「従属させられ」た器官でしかない。「機械労働は神経系統を極度に疲らせると同時に、筋肉の多面的な働きを抑圧し、心身のいっさいの自由な活動を封じてしまう」（Ⅰ445‐6、五五二）のであり、われわれが〈痛苦〉労働と規定したところのものである。この〈痛苦〉労働をともないながら、資本は巨大な大工場制の機械・装置をつくりあげ、それに膨大な自然原燃料を投入して大量の生産物をつくり、労働者＝消費者に大量に消費させる道を進んできた。これは「高エントロピー生産」である。

若きマルクスは『経済学・哲学手稿』で「コミュニズム」を語りながら、「人間のナチュラリズムまた自然のヒューマニズムの貫徹」をうたう。

「自然の人間的なあり方は社会的な人間にとってこそ初めて存在する。けだしここでこそ初めて自然は人間にとって人間との絆として存在し、他人にとっての彼の、および彼にとっての他人の存在として存在し、…ここでこそ初めて彼の自然的な存在は彼の人間的な存在となり、そして彼にとっての自然は彼にとって人間となったのである。かくて社会は人間と自然との本質的一体性の成就、自然の真の復活、人間のナチュラリズムの貫徹また自然のヒューマニズムの貫徹である。」（ＭＥＷ40、538、四五八‐九）

「社会は人間と自然との本質的一体性の成就である」ということはコミュニズムの真髄を簡潔に表わしており、マルクスの生産力論の本質を示している。このように見てくると、ポスト資本制の生産力が

「低エントロピー生産力」であることは疑いえないものである。

低エントロピー生産力が孵化している

それでは、今日「低エントロピー生産力」がどのように孵化してきているか見てみよう。機械・材料体系においては、高い効率をあげる機械体系ほど「規模の経済」から自由であり、小規模の生産で可能となる。河宮信郎はいう。「エネルギー変換システムで規模依存性が大きいことは本質に関わる欠陥である（理想系たるカルノー機関には規模依存性がなく、モーターのように効率の高い変換系も規模依存性がほとんどない）」（河宮信郎『必然の選択』1995年、216頁）からである。再生エネルギーは、水路水力、風力、太陽光、バイオマス、地熱での発電を効率の高い技術で開発し、小規模に利用して一つの地域循環経済の基盤をつくることができる。

「低エントロピー」を志向する「循環型経済」においては、「材料選択の四つの基準」が要請される。「①材料の製造・使用・廃棄・リサイクルにおいて、毒物の生成がない物質やプロセスにかえてゆく（「毒物の排除」）。②廃物が『自然サイクル』にのって浄化され、環境負荷にならない物質やプロセスを選択する。③製品が長期間の使用に耐えるような、あるいは繰返し利用が可能な、材料や製造法を選択する（「長寿命化」）。④廃物が『人工リサイクル』しやすい物質や製造法を選択する」（エントロピー学会編『循環型社会を創る』、2003年、135-6頁）というものである。

そのようななかで、「脱物質化」あるいは「マテリアル・リース」という考え方が浮上してくる。「循環型でゼロエミッションという絵をよく描きますが、脱物質化 dematerialization がない循環型というのは、絶対ゼロには近づかないわけです。もちろんゼロエミッションというのはあくまで目標であって、完全なゼロにできるわけではないことも前提です」（同右、179頁）。工業生産ではたしかにゼロエミッション（ゼロ廃棄）は難しいが、農業ではすでにこれが実現している。たとえば、「奇跡のりんご」の栽培をしている木村秋則氏とその自然栽培法を米の生産に応用しているグループである。収穫後の稲わら以外は肥料も農薬もいっさい投入せず、一定の採算性で経営を行なっている（宮城県加美町農家長沼太一氏より聞き取り）。

「脱物質化」は簡単にいえば「減量化・軽量化」であるが、それを有効に行う方法として「マテリアル・リース」が考えられている。「リースでは最後に面倒を見るところがきちんと管理でき」るので、設備投資がいらない、新しいものに替えやすい、というメリットがあり、結局「買ったところに返すシステム」ともいえる。今のままのプロダクトアウト方式ではなく、「まとめてモジュール化していく。モジュールで戻してもらった場合には、業間何社かが産業間フュージョン」で処理する。（同右、196‐7頁）

今日、カー・シェアなどシェア経済は、この「脱物質化」に志向している。2050年の技術を予測して英『エコノミスト』誌はいう。「予測モデルによれば、自動運転タクシーの登場で典型的な都市の車両数は90％減少するとされる。ほとんどの人は自家用車を持つ必要がなくなり、駐車場に使われている場所が住宅や公園に転用できる。しかも自動運転車の燃料を電気にすれば、温室効果ガスの排出も抑えられる。自動運転車によって配送コストが減少すれば、（食材など）地元産の製品への需要が大幅に増えるかもしれない。」（『2050年の技術』31−32頁）

シェアとはマルクス用語でいえば共同占有である。私的所有でバラバラにされた個人が私的所有の極北でその反対物である共同占有の主体に転化しつつあるのである。

また、「ネーチャー・テクノロジー」という新しい領域が開拓されている。石田秀輝らは、「ネーチャー・テクノロジーとは、地球にないものを創り出すという従来型の技術アプローチではない。46億年もの地球史の中で幾多の淘汰を繰り返しながら、完璧な循環を最も小さなエネルギーで駆動している『自然』をサイエンスの目で見直し、テクノロジーとしてリ・デザインすることで、全く新しいものつくりや暮らし方を提案しようというものである」という（石田秀輝・古川柳蔵著『地下資源文明から生命文明へ』2014年、119−120頁）。このテクノロジーは「自然模倣」から生み出されるが、その中心には、1950年代後半に提起された「生物模倣 biomimetics」がある。生物模倣には3種類あり、「形態模倣」は、サメの皮膚の「循鱗」構造が水の抵抗を小さくすることを利用して水着に応用されたこと、またカワセミのくちばしの形から500系新幹線の先頭車両の形が生まれたことなどである。「機能模倣」は、昆虫が細菌やバクテリアにたいして生態防御タンパクをつくって防御することを利用して、抗がん剤などの新しい薬を創ることなど、「システム模倣」は魚や鳥の群れがどのように見事な秩序をつくっているかを利用することなどである。さらに、生物模倣を越える自然模倣として、地下の高温マグマが冷えて固まって岩石になるメカニズムを利用してセラミックをつくることなどがある（同右、118-9頁）。

都市と農村の融合

低エントロピー生産力の実現を問うとき、単に技術の革新だけでなく、都市と農村の対立の克服、都市と農村の融合というテーマがある。大都市への過剰な人口と産業の集中に対して地方は人口流出によって疲弊し過疎化が進行する。これがセットになって進むのが資本制社会である。そこには大きな無駄（エントロピーの増大）が生じる。大都市の巨大な電力需要を例にとると、地方における大水力ダム建設による自然破壊と長距離送電網、石炭火力発電による二酸化炭素排出、原子力発電所の地方への建設と福島第一原発の大事故というように現れる。

とくに原子力発電はその典型である。1971年に運転開始した福島第一原発は、その後第二原発も立地し、電源三法交付金が福島県に143億円（2010年度、過去最高）交付され、1974年から2013年の総額は3168億円に上る。これらは市町村に配分されるが、原発立地関係町には別途に国交付金が加わる。大熊町約18億円、楢葉町約9億円、双葉町約8億円など。（福島県「福島県における電源立地地域対策交付金等に関する資料」平成26年度）

この巨額な交付金は防災・減災を進めるために活用されるものではない。これは起こりうる危険の甚大性に対する事前賠償の性格をもっている。そして、実際、広範囲の地域を放射能汚染に巻き込む大事故を生んだのであった。大都市と地方の対立は福島において劇的に表われたのであり、このようにリスク負担と賠償金という金銭取引がいかに欺瞞的で危険なものかを示している。

徳島県神山町における農村と都市の交流、融合の事例

今日、地方にねざした暮らしの経済を復興しようという試みが各地で行われている。とくに過疎市町村では、都市からIターン者、Uターン者を呼び寄せ、新しい地域づくりを前進させている。そのなかで徳島県の神山町を紹介しよう。この町には、地元NPOや公社を中心とする共同事業、IT企業の農村立地、企業や個人事業者そして地元の教師、農家、住民の相互交流など新しい未来社会の姿がうかがえる。

神山町は、山間地が83%、柴小屋自然林、清流・鮎喰川など自然豊かな所であり、人口は5300人ほどの過疎の町である。移住者は2008年から16年までに91世帯161人に上り、ITサテライトは2011年から16年の6年間に16社を数える。

1991年、青い目の人形アリスのアメリカ里帰り活動に端を発し、1997年に「アーティスト・イン・レジデンス」が始められ、毎年3人、内外のアーティストが2か月間来住して芸術制作するのであるが、2016年までの17年間に19か国64人のアーティストが訪れ、2002年からはアーティス

トが年に1組のペースで移住し始めた。2004年度には県「全県CATV網構想」事業（200億円）の推進にあたり、総務省の交付金を利用して町全域に光ファイバー網を整備し、CATVとブロードバンドの回線を構築し、2007年度、09年度、総務省のICT利活用事業でネットワーク整備を町の10億円事業として行った。

これと並行して、2004年12月、大南信也（63）をリーダーとするNPO法人「神山グリーンバレー」が発足し、シリコンバレーからの連想で「日本の田舎をステキに変える！」というイデアを発信し始めた。2007年、県の「移住交流支援センター事業」が始まり、これを「グリーンバレー」が請け負うことになった。県下の5団体の内、「グリーンバレー」のみが民間である。その特質がいかんなく発揮されて、3つの特色が生み出される。①農林業を始めたい奇特な若者ではなく、手に職をもっている移住者に来てもらう、②十分な施設や資金がない。それでもいい人に来てもらう。来る人の自発性を第一にする。③「移住者の逆指名（選別）」を行なう。これは民間だからできることであり、公共団体ではできない。この「逆転の発想」を提案したのは、『自分の仕事をつくる』（2009年）の著作をもつ西村佳哲（52）であり、東京と神山の二拠点居住を開始し、神山のウェブサイト制作を引き受けた。

その後、プラン「ワークインレジデンス」が打ち出され、空き家の古民家の物件情報を発信し、手に職を持っている移住者を呼び寄せようというものであった。2008年6月、ウェブサイト「イン神山」が公開され、2010年、移住を呼び込むインキュベーター「神山塾」が設立される。2010年

10月、Sansanが神山ラボを開設し、シリコンバレーのような創造的な働き方をめざした。２０１１年３月、東日本大震災が発生した。これがＩＴなどの企業に大きな衝撃を与えた。東京のもろさ、事業継続計画ＢＣＰの必要性を認識させたのである。ダンクソフトは神山の「寛容な雰囲気」に魅せられて、２０１２年３月にサテライトオフィスを開いた。

プラットイーズの隅田徹（54）は番組情報の編集・配信の事業を行なっているが、災害に備えた本社機能分散のために全国20か所を調べたが、神山が「民間主導で物事が動く」こと、ＮＰＯグリーンバレーのスタンス「来たいなら来てみたら」というゆるさがあって定住強要圧力がないこと、「グリーンバレーの人たち、遊んでるんだなってこと」に共感し、隅田みずから移住することになった。２０１３年7月、プラットは「えんがわオフィス」を４Ｋ８Ｋの映像制作・記録の子会社として設立し、プラット11人、えんがわ12人の従業者のうち13人が町内居住（5人が町内生まれ）という画期的な展開を見せた。社員総出で米作りをし、民営葬式、野焼きなどの地元の習俗を映像に残すこともめざされた。

２０１５年7月には、宿「ＷＥＥＫ神山」（8室24人）が開設され、「いつもの仕事をちがう場所で」一週間の滞在体験の提供に乗り出した。運営会社「神山神領」は、住民に5万円の株出資を働きかけ、51の団体と個人で２３２０万円を集め、町も３００万円を拠出した。夕食は、隅田、女将、料理人らと宿泊者が一緒に食卓を囲み、ワークショップも夜な夜な開かれ、移住者と住民が出会う場になっている。

受け入れ側の大南は「企業誘致ではなく、人の誘致。ＩＴやらやっている人が来れば、地元の僕らに気づかんことに気づいて、何かが起こるかもしれん」といい、移住者側の隅田は「ヨソ者でも『何でもやったらええんちゃうん』という雰囲気がいい」というように、両者のイデアが共鳴しあっている。

個人ないし家族で営業する移住者も増えていった。中山竜二（52）は、出光興産に入って20年、44歳の頃、「サラリーマンとしてふとむなしくなる」。２００８年、「イン神山」で古民家情報を得て現地へ行き「芸術家を受け入れている…」町に共感し、築１３０年の古民家を購入。２０１０年３月、妻、５歳の次男と３人で移住し、12年２月に「粟カフェ」（元そば屋改装）を開設し、のちに「グリーンバレー」、商工会の理事になり活動している。

２０１２年10月、大阪市で「キネトスコープ」を経営する廣瀬圭治（44）は家族で移住。「鮎喰川の水量が30年前に比べると３分の１になっている」ことに危惧を感じ、「神山ＳＨＩＺＱプロジェクト」を立ち上げ、スギの間伐材を加工して付加価値を付けた商品ツートンカラー・タンブラーで収益あげ、それを山の保全にあてる。２０１３年12月、ビストロ「カフェオニヴァ（さあ行こう！）」を斎藤郁子（45）、長谷川浩代（47）が開き、オーガニック野菜を気心の知れた農家から仕入れるなど、顔の見える関係を大切にしていく。月に一度、スタッフと客で「みんなでごはん」をし、ＩＴ社員、視察者、お遍路の出会いが生まれる。床暖房を薪ボイラーで行い、薪１抱えでコーヒー１杯、軽トラでディナー、という「薪通貨」が使える。２０１５年に、スタッフ４人で株式を25％ずつもつ株式会社にする。所有と経営が結合した、事実上の協同組合である。週休２日を３日にし、「木こり修業や本の執筆などやりたいことをする」という。他は割愛するが、海外からも画家、映像作家、ウェブデザイナーらが移住してきている。

2015年6月　神山町戦略づくりコアチームが町長後藤正和（66）、総務課主査杼谷学（43）はじめ8人とWG28人で出発した。7月に島根県海士町（離島の高校を進学校に）、岡山県西粟倉村（地域内でお金を回す）、社会起業家育成に取り組むNPO法人を招いて勉強会を行い、2016年4月、一般社団法人「神山つなぐ公社」が設立された。目標は、2060年に二つの小学校を維持することであり、そのために毎年子どもを含む44人の移住者を受け入れる必要がある。手始めに、公営住宅法によらない集合住宅の建設を、老朽化した中学校の学生寮の跡地に21戸の木造住宅と文化施設という形で行った。「地域内経済循環」で木材は町内産、大工も地元。緑地は高校の造園土木科の2年生。また、移住のお試し住宅を民家改修で調達し、町内7か所に実現。2013年現在、200を超える移住希望、年間数社から進出希望。空き家は年間で10数軒程度である。

2016年4月、「フードハブ・プロジェクト」を町、公社、IT「モノサス」（東京都）の3者が計1000万円出資して設立して「地産地食」の少量多品目の農業を、耕作放棄地を借りて自社農園として始め、農業従事者を育成している。翌年、大型食堂「かま屋」と「かまパン&ストア」を開店し、企業従業者や地元の人びとの食事と交流の場になっている。

また、神山バレー・サテライトオフィス・コンプレックス（KVSOC）が、閉鎖された元縫製工場

（６１９㎡）を改修して、コワーキングスペース、「成長するオフィス」として発足。30～40人が同時使用可能な1ギガバイトセカンドのブロードバンドを町役場が整備し、現在は3社が入っている。２０１５年7月に開設された宿「ＷＥＥＫ神山」はそのための宿舎でもある。

お遍路の町、またかつての人形浄瑠璃の文化に支えられて、１９９１年に始まった活動は２００４年にＮＰＯ法人「神山グリーンバレー」の発足によってさらに発展し、今日、厚みを増したＩＴ企業と移住者の営業と暮らしは、それを受容する地元住民とのコラボのなかで、一つに融合していき、神山町の新たな可能性を切りひらいている。（朝日新聞「神山町の挑戦」２０１６年10月3日から52回の連載（敬称略、年齢は当時）ならびに筆者の視察による）

5　市民社会は歴史のかまどであり舞台である

マルクスには「市民社会は歴史のかまどである」という名文句がある。『ドイツ・イデオロギー』においてである。

「…この市民社会があらゆる歴史のほんとうの竈《かまど》 Herd であり舞台 Schauplatz である。…市民社会は生産力の或る特定の発展段階の内側における諸個人の物質的交通の全体を包括するものであって、……国家と国民を越えたものである。市民社会ということばは一八世紀において、所有関係がすでに古代的および中世的共同体から脱け出ていたときに現われた。市民社会らしい市民社会はやっとブルジョワジーとともに展開する。国家とそのほかの観念論的上部構造の土台をいつでもなしているところの、じかに生産と交通から展開する社会組織がその間ずっとこの名称でよばれつづけてきた。」（ＭＥＷ3、36、三二）

「市民社会」の概念についてはいろいろな解釈があるが、支配的な理解は次のようなものである。マルクスは『経済学批判』（１８５９年）で「土台（生産関係）－上部構造（国家とイデオロギー）」として社会を構造的に把握するに至った。初期の『ドイツ・イデオロギー』において、国家＝上部構造の土台をなす「交通形態としての市民社会」というとらえ方がより概念的に精緻化されて「生産関係」に置き換えられた、と。

このような理解は正しい。その結果、しかしながら、「市民社会」は初期的で未成熟な概念として陰に追いやられることになったのである。「市民社会」をもう一度新しい視角からとらえなおしてみる必要がある。

マルクスの「土台－上部構造」論は社会を関係構造的（gesellschaftlich）な位相においてとらえる概念

である。しかし、社会をとらえるもう一つの位相がある。それは社会に生きる人々が暮らしを通して交流的（sozial）に結びあう場としての社会、すなわち生きた人々の血の通った「かまど」社会である。「じかに生産と交通から展開する」市民社会はこの位相であり、マルクスはこの社会交流的（sozial）位相を「交通形態 Verkehr」として表現したのである（この二つの位相の存在について提起したのはマルクス社会学者田中清助である）。

土台－上部構造という関係構造が縦糸とすれば、生きた人々の社会交流の場すなわち市民社会は横糸である。縦糸と横糸が織り合わさってはじめて一つの社会が成り立つのである。市民社会に生きる人々は、歴史的に形成された生産関係と国家形態に規定されて生きていくが、また逆に生活のなかに根ざした力で生産関係と国家形態を変革していく。そういう意味で、市民社会は「歴史のかまどであり舞台である」のである。（ちなみに、前節でみた神山町の共同事業食堂「かま屋」の「かま」は「かまど」のことであり、町の人びとの暮らしの根拠地、居場所を意味している。そして、地元の人も移住者たちも町を一つの舞台のようにしてそれぞれの役回りを演じ合って楽しんでいるように見える。）

市民社会は、歴史において都市のなかで固有の圧縮を受けて姿を表し成熟していく。中世の都市は、「市民は我が身を守るために地方貴族を向こうにまわして団結せざるを得なかった」（ＭＥＷ3、53、四九）というように、職人や商人は一つの自治を形成していた。自己労働にもとづいて所有するという「個人的私有」をベースに「豊かな個人性」を育む場所であった。アメリカ独立戦争やフランス革命を経て、自由、平等、友愛が市民社会の合言葉となり、「市民社会としての市民社会」が成立した。その後、第2次大戦の総動員体制や戦後の福祉国家の成立を経ながら、圧倒的多数の労働者は勤労市民として市民社会の抜きがたい成員となっていった。市民社会は成熟したのである。それは公害反対運動、住民要求活動、平和運動、差別反対運動など勤労市民の社会活動の成果に他ならない。そして、このような市民社会の成熟こそ本来は資本制社会の健全な存続に資するものである。

しかし、資本のグローバル競争は熾烈をきわめ、リストラ合理化と低賃金圧力が国内の勤労市民を襲っている。過重労働を求められる正規社員は辛うじて有産市民としての位置を守っているけれども、精神的、肉体的な負荷は心身を蝕んでいる。また、多くの非正規社員は市民としての文化的生活を送れなくなっており、いつホームレスになるかの不安におびえている。

労働組合と市民社会

このような資本の労働者に対する攻勢を食い止め、打開していくのは労働組合の役割である。しかし、労働組合の組織率は世界的に下降しており、日本もその例外ではない。

日本では、組合組織率は1985年に30％あったものが2008年には18％に減少している。日本の労働組合は、外国のように産業別個人加盟ではなく、企業別のユニオンショップ制を取っており、「企業一家」主義の強固な枠に閉じ込められ、労使協調にからめとられている。旧来の組合の家父長的性格、指令動員といった特徴もあり、若い労働者の組合にたいする「疎遠感」が強まったからでもあるが、他方で若い人々が政府、企業が連携して流す「自己責任」論に強く影響されて労働者の権利から切り離されてきたためである。

そういうなかにあって、アメリカや日本では労働運動が市民社会の生活場で活動を展開し始めている。アメリカの労働組合も「民間セクターの組織率は、1990年代の前半にほぼ10％にまで低下してしまった」（山田信行『社会運動ユニオニズム』2014年、19頁）が、1980年代以降「社会運動ユニオニズム social movement unionism」が発展していった。「SMUは、移民労働者に代表される未組織労働者を精力的に組織し、その利益のために活発に活動を展開している。そうした活動の代表例は、SEIUによって継続されている『清掃労働者に正義を！（Justice for Janitors!）』という活動であり、このキャンペーンは1990年以降ますます活性化してきた」（同右、19頁）。また、他方で、ワーカーズ・センターが大きな力を発揮し、労働NPOの役割を果たしている。

このようななか、市民をまきこんだ大きな闘いが展開した。アメリカのウィスコンシン州では2011年2月に共和党知事の公務員労働者、教育労働者からの団体交渉権剥奪の法案にたいして「州議事堂前には約18万人が集まり、州内のいたる地域で数万人が街頭を埋め尽くす」（ジョン・ニコルス、梅田章二訳『市民蜂起』2012年、122頁）闘いが発展した。それは各地へ広がり、同年9月の「ウォール街占拠」の闘争へと連なっていった。

日本でも、中小零細企業の労働者の合同労組の流れをくみ、1984年の江戸川ユニオンを最初とする地域の個人加盟ユニオン（のちにコミュニティ・ユニオンといわれる）が広がっていった。そして、東京管理職ユニオン、女性ユニオン東京、首都圏青年ユニオン、さらに外国人労働者のユニオン（神奈川シティユニオンなど）という特定の労働者のユニオンも展開していった。「現在、全国でおよそ300程度の個人加盟ユニオンが存在し、3〜5万人の組合員がいて、そのうち1〜2万人が非正規労働者である」（遠藤公嗣編著『個人加盟ユニオンと労働NPO』2012年、5-6頁）。

個人加盟ユニオンと連携する位置に、NPO法人派遣労働ネットワーク、NPO法人労働相談センター、外国人研修生ネットワークなどの「労働NPO」が展開している。2006年に設立されたNPO法人POSSEは「労働相談、労働法教育、調査活動、政策研究」提言、文化企画を若者自らの手で行なう」（同右、136頁）ことを目的としている。

コミュニズム

ところで、マルクスといえば、ソーシャリズム（社会主義）とコミュニズム（共産主義）を語らずにはすまない。この二つはどのように違い、どのように関連しているのであろうか。通説的な理解では、資本制社会の次に来る社会が社会主義、そのあとに来るより高い段階が共産主義である、といわれている。しかし、これはマルクスからすれば大きな間違いである。

マルクスにおいては、コミュニズムは「人間と自然との、人間と人間とのあいだの相克の真の解消」を求める、「人間的本質の現実的獲得」の「知られた運動」である。若きマルクスは次のような名文を残している。

「人間的自己疎外としての私的所有のポジティブな廃棄、したがってまた人間による、また人間のための人間的本質の現実的獲得としてのコミュニズム。したがって、社会的すなわち人間的な人間としての人間の、意識的に、かつ従来の発展のまったき豊かさの内部でなされた、自身にたいする完全な還帰としてのコミュニズム。このコミュニズムは成就されたナチュラリズムとしてヒューマニズムに等しく、成就されたヒューマニズムとしてナチュラリズムに等しく、人間と自然との、また人間と人間とのあいだの相克の真の解消、現存と本質のあいだの、対象化と自己確証とのあいだの、自由と必然とのあいだの、個と類とのあいだの、抗争の真の解消である。それは解かれた歴史の謎であって、自らがこの解決であることを知っている。それゆえに、歴史の全運動は、コミュニズムを現実的に作り出す行為であるとともに、またこの主義の思惟的意識にとっても、この主義の生成の把握された知られた運動である…。」(『経済学哲学手稿』、MEW40、536、四五七、傍点はマルクス)

だから、コミュニズムは、何か将来に実現するような社会、理想の王国ではなく、「人間的な解放と奪回の活動の必然的形態であり力動的原理である」のである。

「コミュニズムは、否定の否定としての肯定であり、それゆえに人間的な解放と奪回の、すぐあとにくる歴史的発展にとっての必然的な、現実的契機である。コミュニズムは次の未来の必然的形態と力動的原理ではあるが、しかしコミュニズムはそれ自体が人間的発展の目標――人間的社会の形態――なのではない。」（MEW40、546、四六七）

「コミュニズム社会」という何か構造的なものが想定されているのではない。奴隷の反乱のなかに、また「千年王国」の運動のなかに、さらに「ユートピア社会主義」の思想と実験のなかに、まさに「歴史の全運動」のなかにそれは息づいてきたのである。

「コミュニズムはわれわれにとっては、つくりだされるべきなんらかの状態、現実が則るべき―べきであるような―なんらかの理想ではない。われわれがコミュニズムと呼ぶところのものは現在の状態を廃止する運動のことである。」（『ドイツイデオロギー』、MEW3、35、三一―二）

コミュニストは、コミュニズムの理念と情熱をもって運動する人たちのことであり、かれらは資本主義のあらゆる弊害と闘う人、ブルジョア革命や民族解放闘争やプロレタリア革命のいずれであれそれを闘う人なのである。『共産党宣言』でも次のようにいっている。

「コミュニストは、どこでも、現存の社会状態および政治状態に反対するあらゆる革命運動を支持する。」（MEW4、493、五〇七）

ソーシャリズム

コミュニズムが「運動の力動的原理」であるとすれば、ソーシャリズムはどのように規定されるのであろうか。マルクスは次のようにいう。

「ところで、社会主義的人間にとってはいわゆる世界史的なるものの全体は人間的労働による人間の産出、自然の人間にとっての生成にほかならぬ以上、人間は彼自身による彼の出生、彼の生成過程についての歴然たる抗いがたい証をもっている。人間と自然との本質性が実践的、感性的に歴然たるものになった…。社会主義としての社会主義はそのような（無神論、神の否定という）媒介をもはや必要としない。それは実在するものとしての人間と自然との、理論的および実践的に感性的な意識からはじめる。それは人間のポジティブな自己意識、もはや宗教の廃棄を介することのない自己意識である。」（『経済学・

哲学手稿』、ＭＥＷ40、５４６、四六七、傍点はマルクス）

近代までの世界史は、神によって自然と人間が創造されたという宗教の教えに導かれていた。近代市民革命によって人間は宗教から解放され人権が宣言されて、新しい時代が始まった。人間が自然に働きかけ、人間がみずからの力で人間を生みだすことは、産業の過程をつうじて誰の目にも明らかになってきた。現実的に実在し活動する人間と自然をそれ自体として「理論的および実践的に感性的な意識」をもてるようになったのである。それが社会主義としての社会主義である。これは「人間のポジティブな自己意識」つまり否定を媒介としない、それ自体として「証《あかし》」される実証的なpositive、科学的に発展する意識なのである。

マルクスは、『資本論』「第一版の序文」で次のようにいっている。

「この資本主義的生産の自然法則そのもの、鉄の必然性をもって作用し自分を貫くこの傾向、これが問題なのである。産業の発展のより高い国は、その発展のより低い国に、ただこの国自身の未来の姿を示しているだけである。…およそ科学的批判による判断ならば、すべて私は歓迎する。」（Ｉ14－17、九－一一）

『資本論』は、それゆえ、コミュニズムの書ではなくて、資本制の社会を科学的に批判し、社会主義を構想する書である。本書はその意義をあらためて「刷新」的に明らかにしようとするものであった。

科学の一面的重視がもたらす陥穽

社会主義にむけて科学を志向することは大事なことである。しかし、同時に「実践的に感性的な意識」が重要であり、一面的な科学主義におちいると陥穽（落とし穴）にはまってしまう。

ゲゼルシャフトリヒ gesellschaftlich とゾチアール sozial が位相の違う社会を表現し、それらが縦糸と横糸の弁証法的な相互前提の関係にあることをすでに述べた。ドイツ語やロシア語には「社会的」という言葉に二つの異なる形容詞があり、ドイツ語ではゲゼルシャフトリヒ gesellschaftlich とゾチアール sozial、ロシア語ではオプシチェストベンヌイとソチアーリヌイという。前者は、社会の全体性、関係構造性を指し示す言葉であり、後者は社会成員の交際や相互作用や共同的な交流など社会過程的な性質をもつ言葉である。社会科学は主に前者を対象とし、全体社会の構造と変動に焦点をあてている。マルクスのいう「資本主義的生産の自然法則そのものの科学的批判による判断」はまさにこれであり、これをベースに科学的社会主義が成り立っている。

しかし、現実の社会主義が、全体社会 Gesellschaft の管理と制御の科学に偏向していくとき、社会に生きる人々の交流と共同の社会過程すなわち「かまど」への注目が弱くなり、管理主義と官僚制への傾斜を強めていく。ソビエト社会主義の崩壊という歴史的悲劇は、まさにゲゼルシャフト中心の「全体社会－主義」（英語で表わせば societalism となるであろうか）によって社会を運営し国家的所有と官僚制的統治を肥大化させ、他方で人びとの交流と共同の力、「実践的に感性的な意識」によるゾチアールな「共同社会－主義」すなわち socialism を未成熟のままに終わらせた。20世紀の古い社会主義は、ソーシャリズム socialism なきソシエタリズム societalism だったのである。

それに対して21世紀の社会主義は、生産手段の国家的所有ではなく、その社会化つまり多様な共同所有と共同利用にもとづく、コンヴィヴィアル（イヴァン・イリイチ）な皆が喜びあう社会交流を展開する socialism に深く根ざした societalism でなくてはならない。これこそ真の社会主義なのである。

ソーシャリズムを豊かに耕すためには、科学と同時に多様なイデアと実践、豊かな感性と情熱（たとえばフーリエのいう情念引力）が必要である。今、日本の各地で神山町のような新しいイデアと実践が多彩な人たちの感性と情熱に担われて推し進められている。

そして、それは科学的社会主義の母体となったユートピア社会主義の思想と実践をあらためて想起させる。日本では残念ながら「ユートピア」が「空想」と訳され、多くの人が「空想的なものはとるに足りない」と、ユートピア社会主義に低い評価しか与えないきらいがある。ユートピアと空想では大きく異なる。それは、ユートピアには現実に対する批判的精神と理想への情熱が込められているが、空想にはそれがまったくないからである。

エンゲルスの『ユートピアから科学への社会主義の発展』をあらためて読んでみると、オーエン、サン・シモン、フーリエの思想は、啓蒙思想家たちと同じように「いきなり全人類を解放しようと思った」という弱さがあるが、ブルジョワ的世界の非理性と不正義を「ごみためのに投げ込む」「その天才が出現し真理を認識した」（MEW19、191、一八八-九）のである、と高く評価している。

サン・シモンは、新しい社会を実現するには王侯、貴族、聖職者ではなく、実際に有益な労働に従事する産業者こそが社会の担い手とならなければならない、という産業主義の考え方を提唱し、大きな影響力をもった。エンゲルスは「サン・シモンには天才的な視野の広さが見いだされ、この視野の広さのおかげで彼の思想には、厳密な意味での経済思想を除いて、後代の社会主義者たちのほとんどすべての思想が萌芽としてふくまれている」（同右、196、一九三）と高く評価している。

フーリエに見られるのは、「文明時代には貧困は過剰そのものから生じる」というように、「現存の社会状態に対する、真にフランス人的な才気に満ちた、それでいて洞察の深さを少しも失っていない批判である」（同右、196、一九三）。そして、「両性関係のブルジョワ的形態やブルジョワ社会における女性の地位にたいする彼の批判である。ある社会における婦人解放の程度は全般的解放の自然的尺度である、とは彼がはじめて言明したところである」（同右、196、一九四）と感心している。

オーエンは、マンチェスターとニュー・ラナークで工場を経営し、「彼の競争者たちは毎日13時間から14時間も作業をさせていたのに、ニュー・ラナークでは10時間半しか作業を行われなかった」という「模範コロニー」を実現したが、それでも「この人々は私の奴隷であった」(同右、198、一八九一一九〇)と思い至り、「全財産をささげたアメリカでコミュニズム的なコロニーの実験」を行ったのである。さまざまな抵抗を受けてこれは失敗するが、「一八一九年工場における婦人・児童労働を制限する最初の法律を通過させ…、一方では協同組合を設立したが、これは、それ以来、商人も工場主もともにまったく無用な人間であるということの実際的な証拠を提供した。また他方では彼は、労働時間を単位とする労働紙幣を用いて労働生産物を交換するための施設を設立した。」(同右、200、一九七)オーエンは、まさにコミュニズムのイデアを真摯に追求した人だったのである。

ここでマルクスの「コミュニズムは人間的な解放と奪回の力動的原理である」をあらためて想起すると、ユートピア社会主義とコミュニズムの両者が親しく近いところにあることがわかる。

コミュニズムという理念と情熱をもたない社会主義が資本主義と妥協しそれに取り込まれていくように、ユートピアの理念と情熱をもたない科学的社会主義は新しい未来の姿を描けないままに枯渇してしまうであろう。

おわりに

マルクスの理論的営為を自己刷新的に追いながら、これまでの通説とは異なるいくつかの論理を掘り起こしてきた。「資本の一般的定式」はけっして矛盾するようなものではなく、資本論の真髄をなしており、その「母」は利子生み資本であること、貨幣はその第V形態において貨幣と資本の分水嶺すなわち「交換価値の絶対的定在」として現われ、それが貨幣蓄蔵から貸付資本に、さらに生産資材と賃金への「前貸し」によって産業資本へと転化すること、あるいはまた、マルクスの「価値」とは「マイナス」(消極財)を意味しており、産業においては賃労働だけではなく、自然原料も機械も「価値を生む」すなわち人間も自然も搾取され、それが資本の増殖源となるということ、そして、この「マイナス」価値が「債務を負うことができるという信用」を跳躍台として、銀行の信用貨幣、金融資本、さらに国債や金融派生商品などの架空資本へと大きく展開し、その結果、すべてを「狂った形態」にすること、などを見てきた。

そして、なによりも、この「狂った形態」からいかに脱出し、未来を展望することができるか、がわれわれのテーマであった。これまでの未来展望は、資本の矛盾を「労働力という商品」の搾取に収れんさせてとらえたので、プロレタリアート(労働者階級)こそがその矛盾を突破し社会を変革する必須の担い手であるとされてきた。今日、しかしながら、階級的変革主体としてのプロレタリアートは見る影もない。

こうしたマルクス理解を越えていくために、われわれは「市民社会」の概念を方法論的に再検討した。市民社会は、sozial の位相において、生き生きと生活し交際する人びとが織りなす「交通」的な社会であり、土台（生産関係）と上部構造（国家とイデオロギー）という関係構造的な gesellschaftlich の位相と直交するものである、ととらえた。このように考えれば、「階級」は gesellschaftlich な関係構造概念であり、「階級闘争」は人びとが生きている「かまど」社会での sozial な活動を表わす概念となる。

そういう意味で、市民社会は階級闘争のインキュベーター（孵化器）であり修羅場である。過労死が生じたとき、それを認定させ損害賠償を請求する闘い、安全検査・点検が手抜きされた自動車、建築物、鉄道・バス輸送、原発事故の原因と責任の解明、女性や外国人などマイノリティに対する差別に反対する闘いなど、すべて市民社会が舞台となって行なわれているのである。

市民社会のなかに人びとの交流と自己実現が、つまりみんながお互いに喜びのなかで生活するコンヴィヴィアルな交流とつながりが生まれていくことこそ、新しい時代の「かまど」にほかならない。筆者が見聞しただけでも、本書で取り上げた士幌農協、みやぎ生協、神山町をはじめ、原子力に依存しない安全で持続可能な社会づくりと会津地域のエネルギー自立を目指す「会津電力」、市民が自発的に出資した資金を地域社会や福祉、環境保全のために活動するＮＰＯ・個人に融資する各地のＮＰＯバンク、これからの日本にほんとうに必要とされる〝いい会社〟に投資する「鎌倉投信」、安心して委ねられる社会で自分らしく生きる「アズワンコミュニティ鈴鹿」と権限も責任もなく自由に働ける会社「おふくろさん弁当」、地域の再生を目指してIターン者、Uターン者を呼び寄せる京都府綾部市の「水源の里」や「こ宝ネット」、島根県海士町など各地の移住促進事業、その地の農家のなりたちを維持発展させながら都市との交流を展開する大分県の「大山農協」や「下郷農協」、など多彩な活動が展開している。

これらの活動と集団は、まさにマルクスが「個人的所有」と「豊かな個人性」、「協同性」という言葉で表現したものに他ならない。現今の資本制社会が恐慌や国家財政破たんで行き詰る時、あるいは多数の市民が失業や低賃金で生活困難に陥る時、人びとの生活を守り社会の底が抜けないように支えるものとなるであろう。これらの活動と集団がどれだけ社会に拡がっていくかが、日本の未来の展望にかかわっている。そして、これらが社会変革の政治的な流れを形成していくとき、新しい社会が到来するのである。

あとがき

マルクス生誕200年という記念の年に本書を刊行する機会に恵まれた。そして、あらためて生誕200年とはどういう意味をもつのかを自問してみた。マルクスが1818年5月5日に生まれて1883年3月14日に亡くなるまでの65年、そしてそのあと、マルクスの思想と理論に共感しあるいは影響を受けたあまたの人びとが歴史のなかに「マルクス」を刻んできた。これら合わせて200年が「マルクス」とともにあった、ということであろう。私にとっては、20歳ごろからおよそ50年がそこに重なっている。

私は社会学を専攻したので、政治経済学的な面に重きをおいて語られる「マルクス」に物足りなさや違和感をもってきた。生きた人間が悲喜こもごもに生活する「市民社会」に身を置いてマルクスをとらえなおすことが、私の「マルクス50年」となった。2015年に『21世紀の「資本論」　マルクスは甦る』を著わして理論的考察を行ない、今回はそれを現代の社会状況からどのようにとらえかえすことができるかに焦点をあてた。これによって「自己刷新するマルクス」がとらえ出されていれば幸いである。

ここに至るまでに多くの先達から教えを受けることができた。また、社会学の研究仲間と交流しながら生々しい現実社会に入っていくことができた。近年では、科学研究費（基盤研究B）「地方の社会解体的危機に抗する地域生活文化圏の可能性」（2014〜19年度、研究代表者広島大学西村雄郎教授）に参加して、北海道十勝、宮城県大崎、京都府綾部、大分県日田の各地域を調査研究してきた。現実の市民社会のなかに新しい時代を生みだしていく営みがあちこちに生まれていることに力づけられ、その胎動を言葉や理論で表わしていくことの大事さをより強く感じている。

本書を出版するにあたって、かもがわ出版の松竹伸幸氏に貴重な助言をいただき、刊行作業の労をとっていただいた。記して感謝申し上げる。

本書が多くの読者に読んでいただけることを心より願っている。

2018年3月1日

春の訪れを日々に感じる京都にて

岩崎　信彦

岩崎信彦（いわさき・のぶひこ）

1944年生。社会学専攻、神戸大学名誉教授。主な著作に『町内会の研究』（共著、御茶の水書房、1989年、増補版2013年）、『阪神・淡路大震災の社会学』1～3巻（共著、昭和堂、1999年）、『「貨幣の哲学」という作品』（共著、世界思想社、2006年）、『21世紀の「資本論」　マルクスは甦る』（単著、御茶の水書房、2015年）がある。

e-mail : n-iwasaki@orchid.plala.or.jp

ラディカルに自己刷新するマルクス

2018年5月5日　第1刷発行

発行者　竹村正治
発行所　株式会社　かもがわ出版
〒602-8119　京都市上京区堀川通出水西入
TEL 075-432-2868 FAX 075-432-2869
振替　01010-5-12436
ホームページ　http://www.kamogawa.co.jp
印刷所　シナノ書籍印刷株式会社

ISBN978-4-7803-0962-1　C0030